초등 문해력, 교과 어휘부터 해결한다

저자 김기용

최근 사회적 이슈가 되는 '문해력'을 어떻게 하면 쉽게 기를 수 있을지 매일 고민합니다. 아이들의 학습과 독서,
문해력 모두 결국 '어휘'로 시작해 '어휘'로 끝난다고 생각합니다. 따라서 효율적인 어휘 공부를 위해 아이들의
수준과 흥미에 적합한 공부 방법이 필요합니다. 〈초등 문해력, 교과 어휘부터 해결한다〉를 통해 모든 공부의
시작인 어휘를 쉽게 배우고 문해력을 향상시키는 데 도움이 되길 바랍니다.

저서 〈초등 문해력, 교과 어휘부터 해결한다 3-1, 3-2〉, 〈초등 공부는 문해력이 전부다〉, 〈초등 저학년 독서습관 만드는
결정적 시기〉, 〈초등 공부, 습관으로 정복하기〉, 〈온작품 읽기: 한 학기 한 권 읽기로 성장하는 아이들〉

- 공샘의 교육블로그: http://blog.naver.com/cutcut8
- 유튜브: 초등교사 공샘TV
- 팟캐스트: 초등주책쇼
- 메일: cutcut8@naver.com

초등 문해력,
교과 어휘부터 해결한다 4학년 ❶

지은이 김기용

초판 1쇄 인쇄 2022년 9월 7일
초판 1쇄 발행 2022년 9월 20일

발행인 박효상
편집장 김현
기획·편집 장경희
디자인 임정현
본문·표지 디자인 페이지트리
마케팅 이태호, 이전희
관리 김태옥

종이 월드페이퍼 | 인쇄·제본 예림인쇄·바인딩 | 출판등록 제10-1835호
펴낸 곳 사람in | 주소 04034 서울시 마포구 양화로11길 14-10(서교동) 3F
전화 02) 338-3555(代) | 팩스 02) 338-3545 | E-mail saramin@netsgo.com
Website www.saramin.com

ISBN 978-89-6049-964-5 64710
     978-89-6049-938-6 (세트)

 주의사항 종이에 베이거나 긁히지 않도록
조심하세요. 책 모서리가 날카로우니 던지
거나 떨어뜨리지 마세요.

우아한 지적만보, 기민한 실사구시 **사람in** saram in.com

글이 쏙쏙! 공부 재미가 쑥쑥!

초등 문해력, 교과 어휘부터 해결한다

김기용 지음

국어 사회 도덕 과학

4학년 ①

사람in
saram
in.com

초등 문해력, 교과 어휘부터 해결하세요!

우리 아이들의 문해력은 안녕한가요? 4차 산업혁명 시대에 사는 우리 아이들에게 문해력의 중요성은 더욱 강조되고 있습니다. 우리에게는 수많은 가공된 정보와 가공되지 않은 정보가 주어집니다. 너무 많은 정보를 모두 이해하기는 어렵고, 나에게 꼭 필요한 정보를 찾아내기도 쉽지 않습니다. 따라서 무수히 많은 정보를 이해하고, 나에게 필요한 정보를 취사선택하여 새롭게 창조하는 4차 산업혁명 시대에는 문해력이 무엇보다 중요합니다. 그렇다면 우리 아이들의 문해력을 향상시켜주기 위해서는 어떻게 해야 할까요?

교육과정이 변화하면서 아이들이 배우는 내용은 점차 줄어들고 쉬워지고 있습니다. 하지만 아이들은 점점 더 공부를 어려워하고, 국가 수준의 학업성취도가 떨어지면서 이에 따라 실질 문맹률(글을 읽고 쓸 수 있지만 정확한 이해는 어려운 수준)은 점차 높아지고 있습니다. 환경적인 측면에서 생각해 보면 아이들은 공부를 더 잘해야 하지만 결과는 정반대입니다. 왜 그럴까요?

여러 원인 중 가장 큰 원인은 '**문해력의 부재**'입니다. 문해력은 글을 읽고 이해하는 능력에 넓게는 자기 생각을 다양한 방식으로 표현하는 것을 포함하는 개념입니다. 또한 공부를 잘하기 위한 독서, 글쓰기, 공책 정리, 규칙적인 습관, 복습 등 모든 조건들을 포함하는 개념이 '문해력'입니다. 요즘 아이들은 교과서를 읽지 않습니다. 읽을 필요가 없기 때문이죠. 친절하게 정리된 내용으로 공부합니다. 떠먹여 주는 공부에 익숙해지니 문장을 스스로 읽을 필요가 없고, 설명만 열심히 듣고 문제를 풀면 됩니다. 배운 내용을 새롭게 정리할 필요도 딱히 없으니 응용력과 표현력도 부족해집니다.

또 다른 원인은 '**부족한 어휘력**'입니다. 글을 읽고 이해할 때 가장 필수적인 요소는 어휘입니다. 이 어휘는 무조건 책만 많이 읽는다고 길러지지 않습니다. 각 교과목의 기본 어휘가 향후 어휘 학습의 바탕이 되므로 교과 어휘 학습은 무엇보다 중요합니다. 문해력에 앞서 어휘가 먼저라고 말하는 이유이기도 하지요.

세 번째 원인은 '**떨어지는 학습 자신감**'입니다. 아이들은 다양한 환경에서 친구들과의 실력차가 노출됩니다. 모르는 내용이 많으면 위축되고 아는 내용이 많으면 자신감이 커지기 마련입니다. 부족한 자신감이 누적된 아이들은 학습된 무기력에 빠지기도 합니다. "난 해도 안 돼.", "난 머리가 나빠.", "소용없어." 등 공부에 부정적인 생각을 가지게 됩니다. 첫 단추를 잘 꿰는 것이 중요하기 때문에 아이들이 학습 자신감을 유지할 수 있도록 많은 어휘를 익히고, 대화를 나누고, 문제를 풀고, 글을 써보는 활동이 꼭 필요합니다. 수업 시간에 우리 아이가 어려운 퀴즈를 모두 맞히거나 어려운 어휘로 멋진 글을 써 내려가면 친구들의 칭찬에 자신감이 쑥쑥 자라납니다.

네 번째 원인은 **공부와 거리두기에 최적화된 유튜브, 게임, TV 3형제**입니다. 줄여서 '유게티'라고 말씀드리겠습니다. 우리 아이 문해력을 기르고 싶다면 '유게티'의 자극적인 영상에 노출되는 것과 중독을 최소화해 주세요. 자극적인 어휘와 빠른 전개, 화려한 화면 전환에 익숙해진 아이들은 문해력을 기르기 힘듭니다. '유게티'와 함께할 때 우리 뇌는 아무런 반응을 하지 않는다고 합니다. 한마디로 사고를 하지 않는 거죠. 어휘가 폭발적으로 자라날 시기에 자극이 없다면 뇌 발달에 안 좋은 영향을 미칩니다. 자극적인 영상과 간단한 설명에 익숙해진 아이들에게 하얀색 배경에 까만색으로 쓰인 글씨는 어떤 느낌일까요? 따분하고 재미없겠죠. 글 전체를 다 읽기도 어렵고 읽어도 이해하기는 더욱 어렵죠. '유게티'는 사용 시간을 정해서 정해진 시간만큼만 할 수 있도록 해 주세요.

문해력은 정해진 공식에 숫자를 대입하여 답을 구하는 수학과는 많이 다릅니다. 어휘의 종류, 쓰임새, 문장, 상황에 따라 경우의 수가 무척이나 다양합니다. 문해력에서 가장 중요한 '어휘'는 반복 학습이 꼭 필요합니다. 이 책에서는 단어의 사전적 뜻을 읽고, 응용문제를 풀며 실제 지문에 쓰인 활용 문제까지 학습하면 자연스럽게 3번 반복 학습이 가능합니다. 배운 어휘를 실생활에서 사용하거나 글쓰기 등에 활용한다면 4번, 5번 복습도 가능하죠. 이처럼 학년 수준에 맞는 교과서의 어휘를 다양한 방식으로 풀어보며 우리 아이의 것으로 만든다면 성적의 키워드인 문해력의 기초를 충분히 쌓을 수 있습니다. 재미있게 공부한 어휘를 통해 문해력도 쑥쑥, 자신감도 쑥쑥 길러질 겁니다. 하루에 1챕터씩 20일! 주말을 제외하고 한 달 즈음이면 한 학기 어휘를 모두 정복할 수 있습니다. 아이와 함께 하루에 1챕터씩 풀며 즐거운 어휘 여행을 떠나 보세요.

저자 김기용

이 책의 차례

국어

국어 활동

사회

도덕

과학

이 책의 구성과 특징

1일 1챕터! 20일 완성 문해력 향상 프로젝트를 시작해 보세요. 꼭 목차 순서대로 공부하지 않아도 괜찮아요. 차례를 보고 그날 그날 원하는 과목, 원하는 주제를 골라 공부해 보세요.

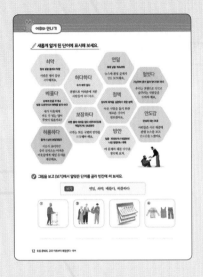

어휘와 만나기

각 장에서 배울 어휘를 미리 만나 보는 코너입니다.
단어의 뜻과 예문을 읽고, 새로 알게 된 단어에 표시도 해 보세요.
단어를 이용한 간단한 문제를 풀며 어휘와 친해질 준비 운동을
해 보세요.

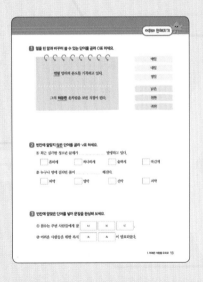

어휘와 친해지기

'어휘와 만나기'에서 살펴본 단어들과 친숙해지기 위한 활용
문제가 나오는 코너입니다.
앞에서 나온 단어를 쓰면서 의미를 되새겨 보세요.

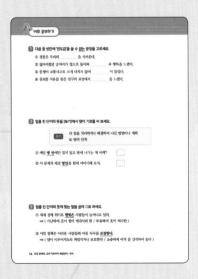

어휘 공부하기

앞에서 배운 단어들이 다양한 문장에서 어떻게 쓰이고 있는지
문제를 통해 확인해 보는 코너입니다.

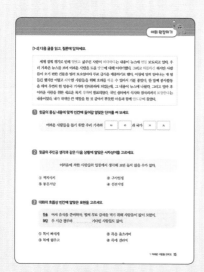

어휘 확장하기

공부한 단어들이 문장을 넘어 글 속에서는 어떻게 녹여 활용
되고 있는지 알아보는 코너입니다.
앞에 나온 단어들이 들어간 글을 읽고, 글의 이해를 묻는 여러
가지 관련 문제를 풀어 보세요.

쉬는 시간

낱말 퀴즈 같은 쉬운 퀴즈도 풀고, 사자성어와 관련된 재미있는
이야기도 읽으며 공부에 대한 부담감을 덜어 보세요.

정답과 해설

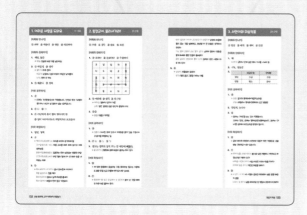

정답과 함께 문제에 나온 다른 단어나 표현들에
대한 설명도 함께 확인해 보세요.

단어 한눈에 보기

각 챕터에 나온 단어를 정리한 코너입니다.
모르는 단어를 확인하고 나만의 단어장을
만들어 보세요.

어려운 사람을 도와요

쇠약

연일

베풀다

허다하다

헐벗다

보장하다

정책

방안

안도감

허름하다

✏️ 새롭게 알게 된 단어에 표시해 보세요.

쇠약

힘이 점점 줄어서 약함

사람은 병이 들면 쇠약해져요.

허다하다

수가 매우 많다

전쟁으로 어려움에 처한 사람들이 허다해요.

연일

여러 날을 계속하여

뉴스에 환경 문제가 연일 보도돼요.

헐벗다

가난하여 옷이 헐어 벗다시피 하다

우리는 전쟁으로 헐벗고 굶주리는 사람들을 도와야 해요.

베풀다

남에게 돈을 주거나 일을 도와주어서 혜택을 받게 하다

내가 이웃에게 베풀 수 있는 일이 무엇이 있을까요?

정책

정치적 목적을 실현하기 위한 방책

아픈 사람을 돕기 위한 새로운 정책이 발표됐어요.

보장하다

어떤 일이 어려움 없이 이루어지도록 책임지거나 보호하다

국가는 모든 국민의 안전을 보장해야 해요.

안도감

안심이 되는 마음

사람들은 사고 해결에 관한 뉴스를 보고 안도감을 느꼈어요.

허름하다

헐거나 낡아 보잘것없다

허름해 보이지만 우리 급식소는 어려운 이웃들에게 매일 음식을 제공해요.

방안

일을 처리하거나 해결하여 나갈 방법이나 계획

이 문제의 해결 방안을 생각해 보자.

✅ 그림을 보고 [보기]에서 알맞은 단어를 골라 빈칸에 써 보세요.

보기   연일, 쇠약, 베풀다, 허름하다

①

②

③

④

- - - - - - - - - -   - - - - - - - - - -   - - - - - - - - - -   - - - - - - - - - -

1 밑줄 친 말과 바꾸어 쓸 수 있는 단어를 골라 ○표 하세요.

연일 영하의 온도를 기록하고 있다.

그의 **허름한** 옷차림을 보면 걱정이 된다.

매일

내일

명일

낡은

천한

귀한

2 빈칸에 알맞지 <u>않은</u> 단어를 골라 V표 하세요.

① 최근 심각한 청소년 문제가 _____ 발생하고 있다.

☐ 흔하게   ☐ 허다하게   ☐ 숱하게   ☐ 따갑게

② 누구나 병에 걸리면 몸이 _____ 해진다.

☐ 허약   ☐ 병약   ☐ 선약   ☐ 쇠약

3 빈칸에 알맞은 단어를 넣어 문장을 완성해 보세요.

① 철수는 주변 사람들에게 잘 | ㅂ | ㅍ | ㄷ | .

② 어려운 사람들을 위한 복지 | ㅈ | ㅊ | 이 발표되었다.

1 다음 중 빈칸에 '안도감'을 쓸 수 <u>없는</u> 문장을 고르세요.

① 경찰은 우리의 ＿＿＿＿＿＿ 을 지켜준다.

② 잃어버렸던 강아지가 집으로 돌아와 ＿＿＿＿＿＿ 과 행복을 느꼈다.

③ 동생이 교통사고로 크게 다치지 않아 ＿＿＿＿＿＿ 이 들었다.

④ 중요한 서류를 찾은 친구의 표정에서 ＿＿＿＿＿＿ 을 느꼈다.

2 밑줄 친 단어의 뜻을 [보기]에서 찾아 기호를 써 보세요.

> 보기
> ㉠ 일을 처리하거나 해결하여 나갈 방법이나 계획
> ㉡ 방의 안쪽

① 매일 **방 안**에만 있지 말고 밖에 나가는 게 어때? ▢

② 이 문제의 해결 **방안**을 함께 이야기해 보자. ▢

3 밑줄 친 단어의 뜻에 맞는 말을 골라 ○표 하세요.

① 세계 경제 위기로 **헐벗은** 사람들이 늘어나고 있다.

➡ (가난하여 옷이 헐어 벗다시피 한 / 부유하여 옷이 허다한)

② 이번 정책은 어려운 사람들의 아침 식사를 **보장한다**.

➡ (일이 이루어지도록 책임지거나 보호한다 / 소중하게 여겨 잘 간직하여 둔다)

[1~2] 다음 글을 읽고, 질문에 답하세요.

세계 경제 위기로 인해 헐벗고 굶주린 사람이 허다하다는 내용이 뉴스에 연일 보도되고 있다. 우리 가족은 뉴스를 보며 어려운 사람을 도울 방안에 대해 이야기했다. 그리고 허름하긴 하지만 사람들이 오기 편한 건물을 빌려 토요일마다 무료 급식을 제공하기로 했다. 아침에 일찍 일어나는 게 힘들긴 했지만 어렵고 쇠약한 사람들을 위해 호의를 베풀 수 있어서 기분 좋았다. 한 달째 봉사활동을 하며 우연히 한 방송국 기자와 인터뷰하게 되었는데, 그 내용이 뉴스에 나왔다. 그리고 얼마 후 어려운 사람을 위한 새로운 복지 정책이 발표되었다. 국민 쉼터에서 식사와 잠자리까지 보장한다는 내용이었다. 내가 작지만 큰 역할을 한 것 같아서 뿌듯한 마음과 함께 안도감이 들었다.

1 윗글의 중심 내용에 맞게 빈칸에 들어갈 알맞은 단어를 써 보세요.

어려운 사람들을 돕기 위한 우리 가족의 | ㅂ | ㅇ | 과 국가 | ㅈ | ㅊ |

2 윗글의 주인공 생각과 같은 다음 상황에 알맞은 사자성어를 고르세요.

어려움에 처한 사람들의 입장에서 생각해 보면 돕지 않을 수가 없다.

① 역지사지   ② 구사일생
③ 동문서답   ④ 선견지명

3 대화의 흐름상 빈칸에 알맞은 표현을 고르세요.

한솔   어서 음식을 준비하자. 벌써 무료 급식을 먹기 위해 사람들이 많이 모였어.
해담   두 시간 전부터 _____ 기다린 사람들도 많아.

① 목이 빠지게   ② 목을 움츠리며
③ 목에 힘주고   ④ 목에 걸리며

줄넘기를 꼭 해야 하는 이유

여러분은 줄넘기를 좋아하나요? 친구와 누가 더 많이 하는지, 누가 더 오래 하는지 시합해 본 적도 있나요? 친구와 함께, 가족과 함께, 그리고 혼자서도 즐길 수 있는 줄넘기는 우리의 건강을 위해 꼭 필요한 운동 중 하나예요. 줄넘기는 줄넘기 줄만 있으면 누구나 쉽게 시작할 수 있는 운동이죠. 과연, 줄넘기는 우리 몸에 어떤 효과가 있어서 꼭 해야 하는 걸까요?

줄넘기를 열심히 하다 보면 금세 숨이 차오르고 땀이 나기 시작해요. 줄넘기는 팔과 다리를 끊임없이 움직이며 신체 전반의 근육을 발달시키죠. 평소 운동량이 부족하다면 1분을 채 하지 않아도 숨이 턱 밑까지 차오릅니다. 하지만 꾸준히 하다 보면 심폐 지구력이 길러져 3분, 4분도 거뜬하게 되죠. 그리고 줄넘기를 통해 점프를 반복적으로 하면 성장판을 자극해 키가 쑥쑥 자랄 수 있게 도움을 준다고 해요. 단, 바닥이 너무 딱딱한 곳에서는 무릎에 무리가 갈 수 있으니 하지 않는 것이 좋다고 하네요.

마지막으로 줄넘기를 하면 체력과 키 성장 외에도 스트레스 해소에 도움이 돼요. 정해 놓은 목표를 달성하고 땀을 충분히 흘리면 쌓였던 짜증과 화가 풀리게 되는 효과가 있죠. 따스한 햇살 아래에서 줄넘기를 해 보세요. 스트레스가 하늘로 훨훨 날아가는 경험을 해 볼 수 있을 거예요.

동장군아, 물러서거라!

이맘때

우쭐하다

토라지다

호되다

단단히

돋보이다

설득

쓸모

뭉근하다

나들이

✏️ 새롭게 알게 된 단어에 표시해 보세요.

이맘때
이만큼 된 때

매년 이맘때는
환절기예요.

우쭐하다
의기양양하여 뽐내다

철수는 새로 산 얇은 옷을
입고 우쭐해 해요.

호되다
매우 심하다

호된 추위가
찾아왔어요.

단단히
헐겁거나 느슨하지 아니하고
튼튼하게

추운 겨울에는 옷을
단단히 입어야 해요.

토라지다
마음에 들지 아니하고
뒤틀리어서 싹 돌아서다

내 잔소리를 들은
친구는 토라졌어요.

설득
상대방이 이쪽의 이야기를
따르도록 여러 가지로 깨우쳐 말함

나는 그 애가
따뜻한 패딩을 입도록
설득했어요.

뭉근하다
세지 않은 불기운이
끊이지 않고 꾸준하다

사람들이 뭉근한 난롯불
앞에 모여 있어요.

나들이
집을 떠나 가까운 곳에
잠시 다녀오는 일

우리 가족은 다 함께
나들이를 떠났어요.

돋보이다
무리 중에서 뛰어나 도드라져 보이다

아이들은 한겨울에
반소매 입는 것이
돋보인다고 생각해요.

쓸모
쓸 만한 가치

추운 겨울에 반소매는
쓸모가 없어요.

✅ 빈칸에 들어갈 단어로 알맞은 것을 찾아 연결해 보세요.

① 철수가 결승 골을 넣고 ☐☐ 해 했다.　　•　　•　우쭐

② 친구를 괴롭히지 않도록 ☐☐ 했다.　　•　　•　쓸모

③ ☐☐ 없는 물건도 함부로 버리지 마세요.　　•　　•　호된

④ 선생님께 ☐☐ 꾸지람을 들었다.　　•　　•　설득

1 뜻에 알맞은 단어를 찾아 선으로 연결하고 빈칸에 써 보세요.

후	덜	덜	하	우
다	우	돼	호	쭐
호	담	어	찌	하
되	돈	보	이	다
다	쭐	소	되	사

① ☐☐☐ : 매우 심하다

② ☐☐☐☐ : 무리 중 뛰어나 도드라져 보이다

③ ☐☐☐☐ : 의기양양하여 뽐내다

2 문장이 완성되도록 괄호 안에서 알맞은 단어를 고르세요.

① 우리는 매년 (이맘때 / 이따금) 추수를 한다.

② 친구의 끈질긴 (설득 / 소득)으로 나는 영철이와 같은 모둠을 하기로 했다.

③ 우리들은 다 함께 (꾸준한 / 뭉근한) 모닥불 앞에서 시간을 보냈다.

3 밑줄 친 단어와 바꾸어 쓸 수 없는 것을 골라 ○표 하세요.

나에겐 **쓸모**없지만 쓸 만한 물건들을 골라서 나눔 장터에 기부했다.

➡ 쓰임새 / 가치 / 쓸데 / 쓸쓸

1 다음 설명에 알맞은 단어를 고르세요.

> • 추운 겨울에는 자주 하기가 어려워요.
>
> • 어딘가에 놀러 갈 때 이 단어를 사용해요.
>
> • 비슷한 단어로는 '외출, 출타, 출입'이 있어요.

① 놀이터   ② 등산

③ 나들이   ④ 집들이

2 밑줄 친 단어의 뜻을 [보기]에서 찾아 기호를 써 보세요.

> | 보기 | ㉠ 헐겁거나 느슨하지 아니하고 튼튼하게 |
> |---|---|
> | | ㉡ 뜻이나 생각이 흔들림 없이 강하게 |

① 이번 시험은 어려우니 마음의 준비를 **단단히** 하세요.   ☐

② 놀기만 하던 친구가 마음을 **단단히** 먹고 공부하기 시작했다.   ☐

③ 축구를 할 때는 신발 끈을 **단단히** 묶으세요.   ☐

3 밑줄 친 부분과 바꾸어 쓸 수 있는 말을 [보기]에서 찾아 문장을 다시 써 보세요.

> | 보기 | 기울어졌다, 솔깃했다, 끌렸다, 삐쳤다 |
> |---|---|

철수는 영희의 상처 주는 말 때문에 **토라졌다.**

➡

[1~2] 다음 글을 읽고, 질문에 답하세요.

매년 이맘때가 되면 호된 추위가 찾아온다. 동장군이 기승을 부리는 시기가 온 것이다. 돋보이는 것을 좋아하는 철수는 추운 겨울에도 얇은 옷을 입고 우쭐해 한다. "겨울에 반소매는 쓸모없어!"라는 친구의 말에 철수는 콧방귀를 뀐다. 옷을 단단히 챙겨 입은 친구들은 철수를 의아한 표정으로 바라본다. 다음날 철수는 반소매를 입고 친척들과 함께 나들이를 떠났다. 뭉근한 모닥불 앞에 다 함께 모였다. <u>긴팔을 입으라는 엄마의 잔소리에 철수는 "내가 알아서 해요!" 하고 토라져 버렸다. 그러고는 동생한테 소리를 지르며 화를 냈다.</u> 엄마는 밥도 먹지 않겠다는 철수를 겨우 설득해 데리고 나왔다. 맛있는 음식을 먹으며 기분이 나아진 철수는 장기 자랑으로 주변을 즐겁게 했다. 밤하늘의 별을 보며 캠핑장의 하루도 저물어 간다.

1 윗글을 읽고 알게 된 내용으로 알맞지 <u>않은</u> 것을 고르세요.

① 동장군은 겨울에 찾아온다.　　　　② 철수는 패딩을 즐겨 입는다.

③ 철수는 주목 받는 것을 좋아한다.　④ 추위는 매년 비슷한 시기에 찾아온다.

⑤ 모닥불 주변에는 따뜻한 기운이 있다.

2 윗글의 밑줄 친 부분과 관련된 속담을 골라 V표 하세요.

① 종로에서 뺨 맞고 한강에서 눈 흘긴다　　　□

② 빈대 잡으려고 초가삼간 다 태운다　　　□

③ 가는 말이 고와야 오는 말이 곱다　　　□

④ 못된 송아지 엉덩이에 뿔이 난다　　　□

3 서로 비슷한 뜻을 지닌 단어끼리 묶인 것을 고르세요.

㉠ 단단히 – 샅샅이	㉡ 이맘때 – 요맘때
㉢ 설득 – 설전	㉣ 호되다 – 심하다

① ㉠, ㉡　　　　② ㉠, ㉣　　　　③ ㉡, ㉢

④ ㉡, ㉣　　　　⑤ ㉢, ㉣

가로세로 낱말 퀴즈 '미'가 들어가는 낱말

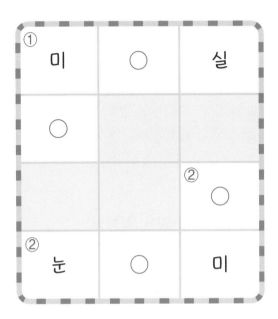

가로 → ① 주로 머리와 얼굴을 아름답게 꾸며 주는 곳

예 엄마가 미○실에서 파마했다.

② 한두 번 보고 곧 그대로 해내는 재주

예 영수는 눈○미가 있어서 무엇이든 금방 배운다.

세로 ↓ ① 소리 없이 빙긋이 웃음

예 부모님께서 나를 바라보며 미○를 지으셨다.

② 특별히 좋은 맛

예 할머니가 해주신 열무국수는 ○미이다.

서연이의 미술작품

불어넣다

배치

구도

우아하다

대비

생동감

비아냥거리다

안정

인상

재능

✏️ 새롭게 알게 된 단어에 표시해 보세요.

구도

그림에서 모양, 색깔, 위치 등의 짜임새

이 그림의 구도가 정말 멋져요.

배치

사람이나 물자 등을 일정한 자리에 나누어 둠

그림 안의 사람들을 적절한 위치에 배치했구나.

불어넣다

어떤 생각이나 느낌을 가질 수 있도록 영향이나 자극을 주다

화가가 이 그림에 생명을 불어넣은 것 같아.

대비

앞으로 일어날지도 모르는 일에 대응하기 위해 준비함

우리 수행평가에 대비해 미리 연습해 보자.

우아하다

고상하고 기품이 있으며 아름답다

그림 속 사람들이 정말 우아해 보여.

인상

어떤 대상에 대하여 마음속에 새겨지는 느낌

정말 인상적인 그림이야. 잘 그렸어.

생동감

생기 있게 살아 움직이는 듯한 느낌

그림 속 동물들에게서 생동감이 느껴져요.

안정

바뀌지 않고 일정한 상태를 유지함

바닥과 탁자를 짙은 색으로 칠하니까 그림이 더 안정돼 보여요.

비아냥거리다

얄밉게 빈정거리며 자꾸 놀리다

영희가 내 작품을 보고 자꾸 비아냥거려요.

재능

어떤 일을 하는 데 필요한 재주와 능력

너는 아무래도 그림에 재능이 있는 것 같아.

✔️ 단어의 뜻을 보고, 문장에 알맞은 말을 써 보세요.

뜻	문장
① 어떤 대상에 대하여 마음속에 새겨지는 느낌	➡ 나는 철수의 작품이 [ㅇ][ㅅ] 깊었어.
② 사람이나 물자 등을 일정한 자리에 나누어 둠	➡ 오늘은 내 방 가구 [ㅂ][ㅊ]를 바꾸는 날이다.
③ 앞으로 일어날지도 모르는 일에 대응하기 위해 준비함	➡ 군인은 항상 전쟁에 [ㄷ][ㅂ]하고 있다.
④ 바뀌지 않고 일정한 상태를 유지함	➡ 전쟁은 나라의 [ㅇ][ㅈ]을 위협한다

1 빈칸에 공통으로 들어갈 한 글자를 써 보세요.

> - 내 방에 새로운 가구를 □ 치했다.
>
> - 철수는 항상 친구를 □ 려한다.
>
> - 지영이가 오늘 점심 □ 식 당번으로 뽑혔다.

2 대화의 빈칸에 들어갈 알맞은 단어를 써 보세요.

> **철수** 우와, 이 그림은 □ㄱ □ㄷ 가 뛰어난 것 같아.
>
> **영희** 응. 원근감을 확실히 주려고 했어.
>
> **철수** 그림 속 인물들이 실제로 움직이는 것처럼 □ㅅ □ㄷ □ㄱ 이 느껴져.
>
> **영희** 고마워. 네 작품도 멋져!

3 다음 표에 있는 단어의 비슷한 말과 반대말을 [보기]에서 찾아 써 보세요.

> | 보기 | 고상, 평온, 불안, 추함 |
> | --- | --- |

	비슷한 말	반대말
우아		
안정		

1 밑줄 친 단어와 바꾸어 쓸 수 있는 것을 고르세요.

> 너는 그림에 **재능**이 있는 것 같아.

① 소담

② 소질

③ 소원

④ 소문

⑤ 소탈

2 대화의 밑줄 친 단어의 뜻으로 알맞은 것을 괄호에서 골라 ○표 하세요.

> **현수** 미술을 3년이나 배웠다면서 겨우 이 정도 그린 거야?
>
> **이현** 대체 왜 나한테 자꾸 그림 못 그린다고 **비아냥거리는** 거야?
>
> ➡ (얄밉게 / 근엄하게) 빈정거리며 자꾸 (놀리다 / 칭찬하다)

3 다음 중 [보기]의 단어를 사용해 만들 수 없는 문장을 고르세요.

> 보기   인상, 대비, 불어넣다

① 안 좋은 일 있어? [   ] 쓰지 말고 웃어 봐.

② 이 그림은 우리에게 용기와 희망을 [   ].

③ 호진이는 추운 겨울을 [   ]해 핫팩을 샀다.

④ 내 관심의 [   ](은)는 새로 나온 인형이다.

[1~2] 다음 글을 읽고, 질문에 답하세요.

미술 시간이 끝나자 서연이 자리로 친구들이 모여들었다. "그림의 구도가 정말 멋진데?", "사람들은 어떤 기준으로 배치한 거야?", "정말 우아하고 인상 깊어." 저마다 한마디씩 했다. 하지만 철수는 "내가 더 잘 그릴 수 있는데?"라고 비아냥거리며 툴툴거렸다. 사실 서연이는 미술 수행평가를 대비해 집에서 오랜 시간 연습했다. 미술에 재능이 있는 편은 아니지만 미술 선생님인 이모에게 특별 교육을 받았다. "이렇게 그리면 그림에 안정감과 생동감을 표현할 수 있어.", "그림에 생명을 불어넣는다고 생각해 봐." 이모가 늘 하던 말이다. 서연이는 미술 실력을 더 쌓아 멋진 작품으로 상을 받는 것이 목표이다. 꿈을 이루기 위해 서연이는 그림을 더 열심히 그려야겠다고 다짐한다.

1 윗글의 내용과 일치하는 것을 고르세요.

① 서연이는 미술에 특별한 소질이 있다.　　② 철수는 서연이를 진심으로 칭찬했다.

③ 서연이의 이모는 음악을 가르치는 선생님이다.　　④ 서연이는 미술 작품으로 상을 받고 싶어 한다.

2 윗글의 내용과 관련된 아래의 상황에 알맞은 표현을 골라 V표 하세요.

서연이는 부끄러움이 많은 친구다. 미술 시간이 끝나고 주변에 친구들이 모여 칭찬하자 조금 쑥스러웠지만 뿌듯한 마음이 들었다.

① 서연이 어깨가 으쓱했구나.　　☐

② 서연이가 어깨를 나란히 했구나.　　☐

③ 서연이가 어깨에 힘 좀 줬구나.　　☐

3 다음과 같은 상황에 쓸 수 있는 속담을 고르세요.

서연이는 매일매일 열심히 노력해서 어린이 그림 대회에서 상을 받았다.

① 내 코가 석 자　　　　② 누워서 침 뱉기

③ 금강산도 식후경　　　④ 꿩 먹고 알 먹기

⑤ 공든 탑이 무너지랴

오늘의 사자성어

청 산 유 수

靑 山 流 水

푸를 청 　 뫼 산 　 흐를 류 　 물 수

　청산유수는 뜻을 풀이하면 '푸른 산에 흐르는 물'이라는 뜻이에요. 산속에 흐르는 물의 모습을 떠올려 보세요. 어떤가요? 산의 맑은 공기를 마시며 평안한 마음으로 바라보는 계곡물은 끊임없이 아래로 내려가고 있는 것처럼 보여요. 이처럼 산에 흐르는 물은 막힘없이 어디로든 흐르죠. 청산유수는 이 같은 물의 특성을 우리에게 빗대어 표현한 말이에요. 물줄기처럼 거침없이 말이 흘러나오는 모습을 뜻하죠.

　여러분은 여러 사람 앞에서 발표할 때 어떤가요? 말이 청산유수처럼 술술 나오는지, 아니면 너무 긴장해서 말을 더듬는지 궁금하네요. 여러분 대부분이 긴

장해서 말을 더듬은 경험이 있을 거예요. 발표가 끝나고 나면 '더 잘 말했으면 좋았을 텐데…'라고 후회하고는 하죠. 그렇다면 말을 청산유수처럼 하려면 어떻게 해야 할까요? 우선, 심호흡을 크게 3번 하고 속으로 '난 할 수 있다!'를 3번 외칩니다. 그리고 준비한 내용을 읽어 보세요. 신기하게도 마음이 차분해지면서 좀 더 잘 읽을 수 있을 거예요.

두근두근 바다 여행

선선하다

토닥이다

모퉁이

순환

한없이

트이다

은근히

사정하다

야속하다

고스란히

✏️ 새롭게 알게 된 단어에 표시해 보세요.

모퉁이

구부러지거나 꺾어져 돌아간 자리

모퉁이를 돌자
바다가 보였어요.

순환

주기적으로 자꾸 되풀이하여 돎

순환버스를 타면 여기로
다시 돌아와요.

선선하다

시원한 느낌이 들 정도로 서늘하다

해변에서
선선한 바닷바람이
불어왔어요.

한없이

끝이 없이

나는 한없이 펼쳐진
넓은 바다를
좋아해요.

트이다

막혀 있던 것이 없어져
환히 열린 상태가 되다

우리는 앞이 탁 트인
숙소를 잡았어요.

토닥이다

잘 울리지 않는 물체를
가볍게 두드려 소리를 내다

엄마는 우는 동생을
토닥이며 재웠어요.

사정하다

어떤 일의 형편이나 원인을
남에게 말하고 무엇을 간청하다

나는 엄마에게 한 시간만
더 놀자고 사정했죠.

야속하다

무정한 행동이나 그런 행동을 한 사람이
섭섭하게 여겨져 언짢다

해솔이는 일찍 자야 한다는
부모님이 야속했어요.

고스란히

건드리지 않아 조금도
변하지 않고 그대로 온전히

한나는 내리는 비를
고스란히 맞으며
놀았어요.

은근히

정취가 깊고 그윽하게

방에서 라벤더 향기가
은근히 났어요.

✅ 단어와 뜻이 올바르게 연결될 수 있도록 중간에 선을 그어 사다리를 만들어 보세요.

은근히	모퉁이	한없이	순환
구부러지거나 꺾어져 돌아간 자리	정취가 깊고 그윽하게	주기적으로 자꾸 되풀이하여 돎	끝이 없이

1 다음 상황에 관련된 단어를 [보기]에서 골라 써 보세요.

> 보기   고스란히, 한없이, 모퉁이

① 땅속에 구석기 시대의 유물이 그대로 남아 있다. ⬚

② 앞의 코너만 지나면 바닷가가 보일 것이다. ⬚

③ 사막이 끝없이 넓게 펼쳐져 있다. ⬚

2 빈칸에 공통으로 들어갈 한 글자를 써 보세요.

- 심장은 혈액 순 ⬚ 에 중요한 역할을 한다.

- ⬚ 경을 보호하기 위해 우리는 분리수거를 열심히 해야 한다.

- 이모네 회사에서 이모의 결혼식에 축하 화 ⬚ 을 보냈다.

3 밑줄 친 단어의 뜻을 [보기]에서 찾아 기호를 써 보세요.

> 보기
> ㉠ 막혀 있던 것이 없어져 환히 열린 상태가 되다
> ㉡ 막혀 제대로 나오지 않던 목소리가 나오다

① 감기가 낫자 목이 **트였다.** ⬚

② 숙소 앞이 확 **트여** 멀리까지 보였다. ⬚

1 밑줄 친 단어와 바꾸어 쓸 수 <u>없는</u> 것을 골라 ○표 하세요.

> 해솔이는 거짓말이 들통나자 한 번만 봐 달라며 **사정했다.**
>
> ➡ 빌었다 / 애원했다 / 애걸복걸했다 / 위임했다

2 대화의 빈칸에 공통으로 들어갈 단어를 찾아 V표 하세요.

> 이환 모퉁이를 돌자 바다 냄새가 _____ 풍기는 것 같아요.
>
> 이현 진짜! 바다 냄새가 나니 새우가 생각나요.
>
> 이환 나는 오징어.
>
> 엄마 엄마가 사 줬으면 하는 것을 _____ 이야기하는구나?

	은근히		허망하게		산산이		솔솔

3 빈칸에 들어갈 단어가 바르게 짝지어진 것을 고르세요.

> • 가을에는 _____ ㉠ _____ 바람이 분다.
>
> • 나한테 인사도 없이 전학 간 친구가 _____ ㉡ _____.
>
> • 우는 아이를 _____ ㉢ _____ 이자 울음을 그쳤다.

	㉠	㉡	㉢
①	선선한	야속하다	타닥
②	선선한	상속하다	토닥
③	선선한	야속하다	토닥
④	수수한	상속하다	타닥
⑤	수수한	야속하다	타닥

[1~2] 다음 글을 읽고, 질문에 답하세요.

주말에 우리 가족은 모처럼 여행을 떠났다. 버스가 모퉁이를 돌자 한없이 펼쳐진 바다가 보였다. 오랜만에 바다를 보자 무척이나 설렜다. 선선한 바람을 맞으며 숙소 방문을 열자 라벤더 향기가 은근히 풍겼다. 방은 큰 유리창을 통해 바다가 보이도록 트여 있었다. 우리는 짐을 모두 풀고 밖으로 나가 순환버스를 타고 해수욕장에 갔다. 해수욕장에서 물놀이하고 동생과 모래놀이를 하던 중 하늘에서 비가 내렸다. 우리는 비를 고스란히 맞으며 놀았다. 비가 오니 이제 숙소로 돌아가자는 부모님이 약간은 야속했다. 나와 동생은 더 놀게 해달라고 사정했지만 부모님은 우리를 토닥이셨고 우리는 숙소로 돌아왔다. 숙소로 돌아와서 맛있는 음식을 먹고, 함께 영화를 보고 잠자리에 들었다.

1 아래에서 설명하는 단어를 윗글에서 찾아 써 보세요.

- 변하지 않고 그대로 있을 때 쓰는 단어예요.
- 뜻이 비슷한 단어로 '그대로'가 있어요.

☐ ☐ ☐ ☐

2 윗글의 내용과 일치하지 않는 것을 고르세요.

① 글쓴이의 가족은 오랜만에 바다 여행을 갔다.
② 숙소에서는 바다가 보이지 않아서 실망했다.
③ 해수욕장까지 버스를 타고 갔다.
④ 글쓴이는 동생과 빗속에서 신나게 놀았다.
⑤ 숙소에 돌아와서 가족들은 함께 영화를 보았다.

3 다음 뜻이 서로 반대되는 속담을 찾아 연결해 보세요.

① 돌다리도 두들겨 보고 건너라 •　　　• ㉠ 빛 좋은 개살구

② 보기 좋은 떡이 먹기도 좋다 •　　　• ㉡ 쇠뿔도 단김에 빼라

책은 꼭 집에서만 읽어야 하나요?

우리 친구들은 책을 주로 어디서 읽나요? 방? 거실? 학교? 아니면 도서관일까요? 스마트폰이 생겨나기 전에는 지하철이나 버스에서 책을 읽는 사람들이 꽤 많았어요. 하지만 최근에는 지하철이나 버스에서 이런 모습을 보기가 힘들죠. 대부분 사람들이 스마트폰을 보고 있는 경우가 많기 때문이에요. 그래도 가끔 지하철과 버스에서 책을 읽는 사람을 만나기도 해요. 하지만 버스에서는 되도록 책을 읽지 않는 것이 좋아요. 버스에서 책을 읽으면 어지러워서 멀미를 할 수도 있으니까요.

그렇다면 책은 꼭 책상에 앉아서 읽어야만 하는 걸까요? 서서 읽거나 누워서 보면 안 될까요? 책을 읽는 방법은 다양해요. 하지만 가장 편안하면서도 집중이 잘 되는 방법은 앉아서 보는 거예요. 이렇게 읽는 게 우리의 시력과 허리를 보호해 주기도 하죠. 그러니 우리 친구들도 되도록 앉아서 책을 읽기를 권해요.

집이나 도서관처럼 실내에서 책 읽는 것에 흥미가 떨어졌다면 공원 벤치 등에 앉아서 책을 읽어도 좋아요. 할머니 댁에 갈 때, 놀이공원 갈 때, 친구 집에 갈 때도 좋아하는 책을 한 권씩 가져가 보세요. 5분, 10분이라도 시간이 날 때마다 책을 읽으면 지루하지 않고 더 재미있을 수 있어요. 단, 화장실에서 책을 읽는다고 오래 앉아 있으면 변비나 치질 등 다양한 응가 관련 질병이 생길 수도 있으니 용변에만 집중해서 해결하고 나오는 걸로 해요.

꿈같은 마라톤 완주

꾹꾹

덜컥

대견하다

대기

차오르다

뻐근하다

발걸음

감쪽같이

산뜻하다

완주

✏️ 새롭게 알게 된 단어에 표시해 보세요.

대기
때나 기회를 기다림

참가자가 많아 대기 시간이 길어졌어요.

덜컥
어떤 일이 매우 갑작스럽게 진행되는 모양

마라톤 대회에 덜컥 신청했어요.

꾹꾹
잇따라 힘을 주어 누르거나 죄는 모양

나는 밥을 꾹꾹 눌러 담아 든든히 먹었어요.

차오르다
감정 따위가 마음속에 점점 커지다

결승선을 통과하자 복잡한 감정이 차올랐죠.

대견하다
흐뭇하고 자랑스럽다

가족들은 마라톤을 완주한 나를 대견해했어요.

감쪽같이
꾸미거나 고친 것이 전혀 알아챌 수 없을 정도로 티가 나지 않게

자고 나니 다리의 통증이 감쪽같이 사라졌어요.

발걸음
발을 옮겨서 걷는 동작

상수는 마지막 발걸음을 딛고 자리에 주저앉았어요.

산뜻하다
기분이나 느낌이 깨끗하고 시원하다

우리는 출발 전 산뜻한 봄 내음을 맡았어요.

뻐근하다
근육이 몹시 피로해 몸을 움직이기 매우 거북하다

다리 근육이 뻐근해지는 느낌이 들었어요.

완주
목표한 지점까지 다 달림

지웅이가 첫 마라톤 완주에 도전해요.

✅ 그림을 보고 [보기]에서 알맞은 단어를 골라 빈칸에 써 보세요.

> **보기**　　발걸음, 완주, 뻐근하다, 대견하다

①

②

③

④

----------------- 　 ----------------- 　 ----------------- 　 -----------------

1 밑줄 친 말과 바꾸어 쓸 수 있는 단어를 골라 ○표 하세요.

축구를 2시간 넘게 했더니 온몸이 **뻐근하다.**

· ·

할머니께서 밥을 **꾹꾹** 눌러 담아 주셨다.

거뜬하다

지끈지끈하다

뻑적지근하다

꽉꽉

꽥꽥

꽝꽝

2 빈칸에 알맞지 <u>않은</u> 단어를 골라 V표 하세요.

① 부모님은 철수를 무척이나 _____ 하신다.

☐ 대견해   ☐ 기특해   ☐ 자랑스러워   ☐ 번창해

② 푹 자고 일어났더니 기분이 _____ .

☐ 새롭다   ☐ 명백하다   ☐ 상쾌하다   ☐ 산뜻하다

3 빈칸에 알맞은 단어를 넣어 문장을 완성해 보세요.

① 지웅이는 고장 난 볼펜을 | ㄱ | ㅉ | ㄱ | ㅇ | 고쳤다.

② 상수는 바쁜 일이 있는지 | ㅂ | ㄱ | ㅇ |이 빨랐다.

1 다음 중 빈칸에 '대기'를 쓸 수 <u>없는</u> 문장을 고르세요.

① 손님이 많아 1시간 넘게 _____했다.

② 오늘 한국의 _____는 미세먼지가 가득했다.

③ 서로 _____를 통해 오해를 푸는 게 어때?

④ 아기를 낳기 위해 분만 _____실에서 기다렸다.

2 밑줄 친 단어의 뜻을 [보기]에서 찾아 기호를 써 보세요.

> 보기
> ㉠ 감정 따위가 마음속에 점점 커지다
> ㉡ 물 따위가 어떤 공간을 채우며 일정 높이에 다다라 오르다

① 친구가 떠나자 지후는 슬픔이 **차올랐다.** ☐

② 물이 가슴까지 **차오르면** 되돌아 나오세요. ☐

3 밑줄 친 단어의 뜻에 맞는 말을 골라 ○표 하세요.

① 우리 가족의 목표는 마라톤 **완주**이다.

➡ (목표한 지점까지 다 달림 / 목표를 향해 나아가던 중 포기함)

② 나는 깊게 고민해 보지도 않고 친구와 **덜컥** 내기를 시작했다.

➡ (일이 매우 조심스럽게 진행되는 모양 / 일이 매우 갑작스럽게 진행되는 모양)

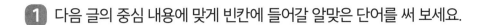

1 다음 글의 중심 내용에 맞게 빈칸에 들어갈 알맞은 단어를 써 보세요.

어느 날 나는 길을 가던 중 우연히 벽에 붙은 마라톤 대회 포스터를 보고 덜컥 참가 신청을 했다. 마라톤 완주를 위해 매일 연습했다. 밥도 꾹꾹 눌러 담아 먹고 일찍 자고 일찍 일어났다. 근육이 뻐근해 발걸음이 떨어지지 않을 때도 있었다. 하지만 산뜻한 바람을 맞으며 달리다 보면 어느새 근육통이 감쪽같이 사라졌다. 드디어 마라톤 대회 날이 되었다. 대기실에서 스트레칭하며 기다리다 출발선으로 이동했다. 사람들은 '땅' 하는 신호총 소리와 함께 일제히 달려 나갔다. 너무 힘들어 포기하고 싶기도 했지만, 목표를 꼭 이루고 싶은 마음에 꾹 참았다. 42.195km를 모두 달리고 결승선이 보이자 내 안에 여러 가지 복잡한 감정이 차올랐다. 결승선을 통과하자 부모님과 친구들은 나를 대견해하며 꼬옥 안아 주었다.

열심히 노력해 마라톤 | ㅇ | | ㅈ | 에 성공하다.

2 다음의 뜻을 지닌 사자성어를 고르세요.

무슨 일이든 할 수 있을 듯이 자신의 능력을 믿다

① 자신만만   ② 금시초문
③ 동고동락   ④ 우왕좌왕

3 대화의 흐름상 빈칸에 알맞은 표현을 고르세요.

한솔   네가 마라톤을 완주한다고? 어림없어! 안 될걸?
해담   나를 _____ 나도 할 수 있어.

① 물로 보는 거야?   ② 불로 보는 거야?
③ 풀로 보는 거야?   ④ 발로 보는 거야?

가로세로 낱말 퀴즈   '채'가 들어가는 낱말

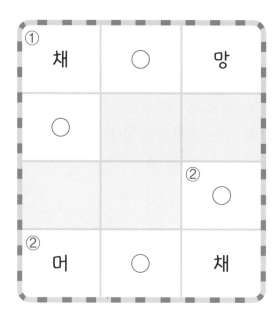

가로 →

① 무엇을 찾거나 잡아서 모을 때 사용되는 망

예 곤충을 잡아서 채○망에 넣었다.

② 길게 늘어뜨린 머리털

예 세아는 머○채를 곱게 땋은 채 학교에 왔다.

세로 ↓

① 시험 답안의 맞고 틀림을 살피어 점수를 매김

예 수학 시험을 보고 채○했다.

② 들에서 자라는 나물('채소'를 일상적으로 이르는 말)

예 ○채를 많이 먹으면 건강해진다.

6

세종대왕과 한글

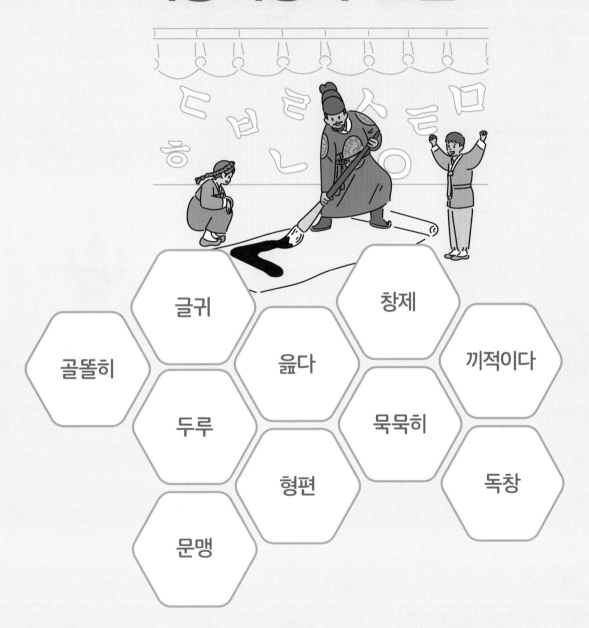

글귀

창제

골똘히

읊다

끼적이다

두루

묵묵히

형편

독창

문맹

✏️ 새롭게 알게 된 단어에 표시해 보세요.

글귀

글의 구나 절

마음에 드는 글귀를
찾아보세요.

창제

전에 없던 것을 처음으로
만들거나 제정함

한글은 발음기관과
자연의 형태를 기초로
창제되었어요.

묵묵히

말없이 잠잠하게

그는 주변의 반대에도
묵묵히 연구를
계속했어요.

독창

다른 것을 모방하지 않고 새로운 것을
처음 만들거나 생각해 냄

전 세계가 한글의
독창성에 주목해요.

골똘히

한 가지 일에 온 정신을 쏟아
딴생각이 없이

세종대왕이 골똘히
궁리한 끝에 훈민정음이
탄생했어요.

끼적이다

글씨나 그림 따위를
아무렇게나 쓰거나 그리다

글씨를 끼적이자
그에게 좋은 생각이
떠올랐어요.

읊다

억양을 넣어서 소리를 내어
시를 읽거나 외다

한글로 쓰인 시를
다 함께 읊어 보자.

문맹

배우지 못하여 글을 읽거나
쓸 줄을 모름

세종대왕은 문맹 퇴치를
위해 힘썼어요.

두루

빠짐없이 골고루

모든 백성이
두루 사용하는
글자를 만들자.

형편

일이 되어 가는 상태나 경로
또는 결과

왕은 백성들의 형편을
두루 살폈어요.

✔️ 빈칸에 들어갈 단어로 알맞은 것을 찾아 연결해 보세요.

① 여러 가지 반찬을 ☐☐ 먹어라. •   • 독창

② ☐☐ (은)는 글을 읽고 쓰지 못하는 것이다. •   • 두루

③ 네 작품은 정말 새롭고 ☐☐ 적이야. •   • 문맹

④ 기억에 남는 ☐☐ (을)를 찾아 써 보자. •   • 글귀

1 뜻에 알맞은 단어를 찾아 선으로 연결하고 빈칸에 써 보세요.

있	다	간	명	묵
짱	딸	골	명	묵
함	구	똘	하	히
막	막	히	다	없
간	딴	히	읊	다

① ☐ ☐ ☐ : 한 가지 일에 온 정신을 쏟아 딴생각이 없이

② ☐ ☐ ☐ : 말없이 잠잠하게

③ ☐ ☐ : 억양을 넣어서 소리를 내어 시를 읽거나 외다

2 문장이 완성되도록 괄호 안에서 알맞은 단어를 고르세요.

① 글자를 배워 (문맹 / 문상)을 벗어나다.

② 한글 (창구 / 창제)에 많은 시간과 노력이 필요했다.

③ 책을 읽고 기억에 남는 (글귀 / 글쇠)를 크게 읽어 봅시다.

3 밑줄 친 단어와 바꾸어 쓸 수 없는 것을 골라 ○표 하세요.

집에만 있으면 세상 돌아가는 **형편**을 알 수가 없다.

➡ 상황 / 추세 / 형세 / 형태

1 다음 설명에 알맞은 단어를 고르세요.

> • 무언가 새로운 것을 만들어 낼 때 쓰이는 단어예요.
>
> • '☐☐성이 뛰어나다(돋보이다)'라는 표현이 많이 쓰여요.
>
> • 성악에서 혼자 노래를 부를 때도 이 단어를 써요.

① 독창   ② 명창

③ 독립   ④ 명상

2 밑줄 친 단어의 뜻을 [보기]에서 골라 기호를 써 보세요.

> **보기**
> ㉠ 글씨나 그림 따위를 아무렇게나 쓰거나 그리다
> ㉡ 달갑지 않은 음식을 마지못해 굼뜨게 먹다

① 글씨를 **끼적이면** 나중에 봤을 때 읽고 이해하기 어렵다. ☐

② 채소도 **끼적거리지** 말고 얼른 먹자. ☐

③ 발명가들은 수첩에 틈틈이 **끼적이는** 습관이 있다. ☐

3 밑줄 친 부분과 바꾸어 쓸 수 있는 말을 [보기]에서 찾아 문장을 다시 써 보세요.

> **보기**   모두, 조금, 듬뿍, 힘껏

선생님은 우리 반 친구들을 **두루** 살펴보았다.

➡

[1~2] 다음 글을 읽고, 질문에 답하세요.

세종대왕은 조선시대 왕 중에서도 뛰어난 업적을 가진 왕으로 손꼽힌다. 그 이유는 백성들의 형편을 두루 살펴 문맹을 없애고자 한글을 창제했기 때문이다. 평소 독서와 연구를 좋아한 세종대왕은 한글 연구를 묵묵히 진행했다. 대부분의 신하가 한글 만드는 것을 반대했기 때문이다. 하지만 시행착오를 겪으며 오랜 기간 골똘히 연구한 끝에 독창적이고 과학적인 한글을 탄생시켰다. 전 세계인이 주목하는 한글로 동시를 쓰고 읊어 보자. 멋진 글귀가 떠오를 때 글씨를 끼적이지 말고 바르게 쓰고 그림까지 더해서 동시를 써 보자.

1 윗글을 읽고 알게 된 내용으로 알맞지 <u>않은</u> 것을 고르세요.

① 세종대왕은 문맹률을 높이고 싶어 했다.　　② 한글은 과학적인 원리로 만들어졌다.

③ 대다수 신하는 한글 창제를 반대했다.　　④ 세종대왕은 백성들을 위해 한글을 만들었다.

⑤ 한글은 오랜 기간의 연구 끝에 완성되었다.

2 윗글의 밑줄 친 부분과 관련된 속담을 고르세요.

① 원수는 외나무다리에서 만난다

② 열 길 물속은 알아도 한 길 사람 속은 모른다

③ 열 번 찍어 아니 넘어가는 나무 없다

④ 지렁이도 밟으면 꿈틀한다

3 서로 비슷한 뜻을 지닌 단어끼리 묶인 것을 고르세요.

㉠ 글귀 – 문구	㉡ 묵묵히 – 부산히
㉢ 문맹 – 까막눈	㉣ 골똘히 – 유유히

① ㉠, ㉢　　　　　　② ㉠, ㉣　　　　　　③ ㉡, ㉢

④ ㉡, ㉣　　　　　　⑤ ㉢, ㉣

오늘의 사자성어

용 두 사 미

龍	頭	蛇	尾
용 용	머리 두	긴 뱀 사	꼬리 미

용두사미는 '용의 머리와 뱀의 꼬리'라는 뜻이에요. 용의 머리와 뱀의 꼬리를 한 동물을 상상해 보세요. 조금 우스꽝스럽죠? 우리가 생각할 때 용의 머리는 멋지지만 뱀의 꼬리는 상대적으로 보잘것없기 때문이에요. 용두사미는 이처럼 시작은 그럴듯하지만 갈수록 나빠지는 것을 뜻하는 사자성어예요.

여러분은 공부하기 전에 계획을 세우나요? 계획은 무엇보다 실천하는 것이 중요해요. 따라서 계획이 용두사미가 되지 않도록 열심히 노력하는 자세가 필요합니다. 용두사미는 이 밖에도 다양한 상황에 활용할 수 있어요. "○○ 책은 처음에는 재미있었는데 점점 용두사미가 되어 버렸어.", "친구가 큰소리로 나서서 일을 해결해 줄 것이라고 기대했는데, 용두사미로 끝나 버렸어."처럼 말이죠.

용두사미와 반대말로는 '시종일관(始終一貫)'이 있어요. '처음부터 끝까지 한결같다'는 뜻이죠. 우리 친구들은 무슨 일이든 시종일관 한결같이 열심히 노력하는 사람이 되길 바랄게요.

달 탐사로봇 출동!

✏️ 새롭게 알게 된 단어에 표시해 보세요.

암석
지각을 구성하고 있는 단단한 물질
로봇이 달의 암석을 수집해요.

궤도
행성, 인공위성 등이 중력의 영향으로 다른 천체의 둘레를 돌며 그리는 곡선의 길
우주선이 달의 궤도에 진입했어요.

글썽이다
눈에 눈물이 넘칠 듯이 그득하게 고이다
사람들은 감동해서 눈물을 글썽였죠.

공상
비현실적이거나 실현 가능성이 없는 것을 막연히 생각해 봄
우주선의 달 착륙은 공상이 현실이 되는 순간이었죠.

자원
인간 생활 및 경제 생산에 이용되는 원료로서의 광물, 산림, 수산물 등
인간에게 필요한 자원이 달에도 있을까?

보급
물자나 자금 따위를 계속해서 대어 줌
새 우주선은 충분한 보급품을 싣고 떠났어요.

필수품
일상생활에 없어서는 안 되는 꼭 필요한 물건
우주 생활에 꼭 필요한 필수품이 있어요.

대신
어떤 대상의 자리나 구실을 바꾸어 새로 맡음
산소를 대신할 수 있는 것은 없어요.

숱하다
아주 많다
숱한 시행착오 끝에 우주선 발사가 성공했어요.

원격
멀리 떨어져 있음
지구와 원격 화상회의가 가능해졌죠.

✅ 단어의 뜻을 보고, 문장에 알맞은 말을 써 보세요.

뜻	문장
① 행성, 인공위성 등이 중력의 영향으로 다른 천체의 둘레를 돌며 그리는 곡선의 길	➡ 지구의 ⬜ㄱ⬜ ⬜ㄷ⬜ 는 타원형이다.
② 지각을 구성하고 있는 단단한 물질	➡ 지구의 대부분의 ⬜ㅇ⬜ ⬜ㅅ⬜ 은 퇴적암이다.
③ 어떤 대상의 자리나 구실을 바꾸어 새로 맡음	➡ 나 ⬜ㄷ⬜ ⬜ㅅ⬜ 무거운 물건을 들어줄 수 있니?
④ 인간 생활 및 경제 생산에 이용되는 원료로서의 광물, 산림, 수산물 등	➡ 우리나라는 지하 ⬜ㅈ⬜ ⬜ㅇ⬜ 이 한정되어 있다.

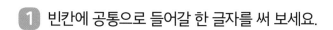

1 빈칸에 공통으로 들어갈 한 글자를 써 보세요.

- 이번 보[ ]품은 단팥빵과 건빵이다.
- 오늘의 [ ]식 메뉴는 짜장밥이다.
- 영우는 도서 대출증을 새로 발[ ] 받았다.

2 대화의 빈칸에 들어갈 알맞은 단어를 써 보세요.

철수 우주에서는 구급약품이 [ㅍ][ㅅ][ㅍ]이야.

영희 맞아. 우주에서 먹는 식량도 꼭 필요해.

철수 근데, 우주선을 이용해 달로 떠나는 이유가 뭐야?

영희 달의 [ㅇ][ㅅ]을 조사해서 인간이 살 수 있는지 알아보기 위해서야.

3 다음 표에 있는 단어의 비슷한 말과 반대말을 [보기]에서 찾아 써 보세요.

보기   손수, 상상, 현실, 대행

	비슷한 말	반대말
대신		
공상		

1 밑줄 친 단어와 바꾸어 쓸 수 있는 것을 고르세요.

> 전염병으로 인해 전면 **원격** 수업이 실시되었다.

① 네거리   ② 근거리   ③ 원거리   ④ 길거리   ⑤ 사거리

2 대화의 밑줄 친 단어의 뜻으로 알맞은 것을 괄호에서 골라 ○표 하세요.

> 현수 이 영화 마지막 장면이 너무 멋져. 주인공들이 역경을 극복했어.
>
> 이현 눈물을 **글썽이는** 것을 보니 너 정말 감동 받았구나.
>
> ➡ 눈에 눈물이 넘칠 듯이 (그득하게 / 소복하게) 고이다

3 다음 중 [보기]의 단어를 사용해 만들 수 <u>없는</u> 문장을 고르세요.

> | 보기 | 자원, 궤도, 숱하다 |
> |---|---|

① 세계 각국이 남극의 _____을 개발하고자 노력하고 있다.

② 개업 후 한 달 만에 사업이 정상 _____에 올랐다.

③ 위인들은 _____ 역경을 딛고 일어났다.

④ 보름달을 보며 _____(을)를 빌었다.

[1~2] 다음 글을 읽고, 질문에 답하세요.

오늘은 숱한 시행착오 끝에 우주선 발사가 성공한 날이다. 우주선은 달의 궤도에 진입했고 공상영화에서 보던 일이 현실이 되었다. 이 장면을 TV로 시청하던 사람들은 눈물을 글썽이며 축하했다. 우주선에는 생활에 필요한 필수품들이 실려 있다. 부족한 물건은 우주정거장을 통해 보급 받는다. 우주비행사의 첫 번째 임무는 원격 화상회의로 매일 지구와 정보를 주고받는 것이다. 두 번째 임무는 달의 암석 수집과 자원 탐색이다. 중력이 없는 우주에서는 인간이 직접 임무를 수행하기 어렵다. 따라서 우주에서는 인간 대신 탐사 로봇이 역할을 수행한다. 아직도 달에는 무궁무진한 수수께끼가 숨겨져 있다. 과연 인간이 달의 모든 것을 알게 되는 날은 언제일까 궁금하다.

1 윗글의 내용과 일치하는 것을 고르세요.

① 우주선 발사는 한 번에 성공했다.　　② 우주선에는 생활에 필요한 물건들이 없다.
③ 우주비행사는 직접 자원을 탐색한다.　　④ 우주비행사는 화상회의로 지구와 교신한다.

※ 교신: 우편, 전신, 전화 등으로 정보나 의견을 주고받음

2 윗글의 내용과 관련된 아래의 상황에 알맞은 표현을 골라 V표 하세요.

김기용 박사는 모두가 우주선 개발에 두 손 놓고 있을 때 홀로 적극적으로 뛰어들었다. 세계 여러 나라의 사례를 참고해 우리나라만의 우주선을 완성했다.

① 김기용 박사는 우주선 개발에서 발을 뺐구나.　☐
② 김기용 박사는 우주선 개발에 발을 끊었구나.　☐
③ 김기용 박사는 우주선 개발을 위해 발 벗고 나섰구나.　☐

3 다음과 같은 상황에서 쓸 수 있는 속담을 고르세요.

김기용 박사는 어려운 형편에서 자랐다. 하지만 낮에는 부모님을 도와 일하고, 밤에는 혼자 공부해서 지금처럼 훌륭한 인물이 되었다.

① 도둑이 제 발 저리다　　② 개천에서 용 난다　　③ 낫 놓고 기역 자도 모른다
④ 바늘 도둑이 소도둑 된다　　⑤ 세 살 적 버릇이 여든까지 간다

모르는 단어는
국어사전에서 찾아봐요

우리는 신문, 교과서, 동화책, 만화책, 광고 등에서 다양한 글을 접해요. 우리나라 말에는 무수히 많은 단어가 있고, 이 단어들의 뜻을 다 알기는 어렵죠. 특히 한자어는 정말 어려운 단어가 많아요. 보통 모르는 단어는 앞 문장과 뒤 문장을 읽어 보며 내용을 추측해요. 그래도 알기 어려우면 선생님이나 부모님께 질문해 보세요. 만약 주변의 도움을 받을 수 없는 상황이라면 국어사전을 활용해 보는 것도 하나의 방법이에요.

국어사전에는 우리가 사용하는 대부분의 단어가 포함되어 있어요. 단어의 뜻과 함께 비슷한 말, 반대말을 통해 단어를 복합적으로 이해할 수 있게 도움을 주죠. '고생 끝에 낙이 온다'는 속담처럼 노력하지 않고 얻어지는 것은 없어요. 부모님께 물어봐서 알게 된 단어는 금방 까먹는 경우가 많지만 내가 국어사전에서 먼저 'ㄱ'을 찾고, 이어서 '고'를 찾고, 또 '공'을 찾는 과정을 통해 알게 된 단어는 쉽게 까먹지 않죠.

단어의 뜻을 알아도 실제로 활용하기 어려운 경우가 많아요. 하지만 국어사전에 나온 다양한 예문을 읽어 두면 다음 번에 해당 단어를 활용해 글쓰기를 하기도 쉬워질 거예요. 친구와 이야기하거나 수업 시간에 발표할 때 사용할 수도 있죠. 국어사전과 친해지는 기회를 통해 어휘 실력을 쑥쑥 늘려 보세요.

8

새로 만난 선생님과 나

지긋하다

하찮다

탓하다

강조

엄연히

이기심

게을리하다

암만

뽑다

침침하다

✏️ 새롭게 알게 된 단어에 표시해 보세요.

지긋하다

나이가 비교적 많아 듬직하다

우리 담임선생님은 연세가 지긋하세요.

강조

어떤 부분을 특별히 강하게 주장하거나 두드러지게 함

새 담임선생님은 친구와의 우애를 강조하셨죠.

하찮다

대수롭지 아니하다

세상에 하찮은 존재는 없어요.

게을리하다

움직이거나 일하기를 몹시 싫어하여 제대로 하지 않다

학생이 숙제를 게을리하면 안 돼요.

탓하다

핑계나 구실로 삼아 나무라거나 원망하다

일이 잘못되었다고 친구를 탓하지 않아요.

엄연히

어떤 사실이나 현상이 부인할 수 없을 만큼 뚜렷하게

친구 사이에도 엄연히 예절이 필요해요.

이기심

자기 자신의 이익만을 꾀하는 마음

이기심보다는 남을 배려하는 마음으로 생활해요.

뽑다

여럿 가운데에서 골라내다

학급 회장으로 내가 뽑혔어요.

침침하다

눈이 어두워 물건이 똑똑히 보이지 않고 흐릿하다

선생님은 눈이 침침해 안경을 쓰고 글을 읽어 주셨어요.

암만

비록 그렇다 하더라도

암만 잘못을 했더라도 뉘우치는 모습이 더 중요해요.

🔵 단어와 뜻이 올바르게 연결될 수 있도록 중간에 선을 그어 사다리를 만들어 보세요.

탓하다	암만	강조	이기심

핑계나 구실로 삼아 나무라거나 원망하다	어떤 부분을 특별히 강하게 주장하거나 두드러지게 함	자기 자신의 이익만을 꾀하는 마음	비록 그렇다 하더라도

1 다음 상황에 관련된 단어를 [보기]에서 찾아 써 보세요.

> **보기**　　　　이기심, 지긋하다, 게을리하다

① 우리 할머니께서는 연세가 많으시다.

② 여기 있는 사탕 다 내 거야! 나 혼자 먹을 거야!

③ 철수는 매일 늦잠을 자고 숙제를 내일로 미룬다.

2 빈칸에 공통으로 들어갈 한 글자를 써 보세요.

> • 선생님께서 시험에 나오는 부분을 [   ]조해 설명하셨다.
>
> • 눈보라가 몰아쳤지만 예정된 등산을 [   ]행했다.
>
> • 자신의 [   ]점과 약점을 적절히 조화시키면 장점이 될 수 있다.

3 밑줄 친 단어의 뜻을 [보기]에서 찾아 기호를 써 보세요.

> **보기**　　　㉠ 여럿 가운데에서 골라내다　　　㉡ 박힌 것을 잡아당기어 빼내다

① 친구들이 나 대신 지우를 학급 회장으로 **뽑았다**.

② 할머니가 밭에서 무를 **뽑았다**.

1 밑줄 친 단어와 바꾸어 쓸 수 없는 것을 골라 ○표 하세요.

> 친구들의 감정을 **하찮게** 여기지 맙시다.
>
> ➡ 우습게 / 사소하게 / 보잘것없게 / 다복하게

2 대화의 빈칸에 공통으로 들어갈 단어를 찾아 ∨표 하세요.

> 할아버지   나이가 드니 눈이 _____ 글씨가 잘 안 보이는구나.
>
> 손녀   블라인드 때문에 방이 더 _____요.
>
> 엄마   그러면 블라인드를 올려서 방을 환하게 하자.

☐ 심심해   ☐ 침침해   ☐ 뭉근해   ☐ 산뜻해

3 빈칸에 들어갈 단어가 바르게 짝지어진 것을 고르세요.

> • 술래잡기에도 ___ ㉠ ___ 규칙이 있어.
>
> • 어제 산 볼펜이 ___ ㉡ ___ 찾아도 안 보여.
>
> • 다른 사람을 ___ ㉢ ___ 말고 스스로를 돌아보자.

	㉠	㉡	㉢
①	가득한	설마	탓하지
②	엄연한	설마	막하지
③	엄연한	암만	탓하지
④	엄연한	암만	막하지
⑤	가득한	설마	탓하지

[1~2] 다음 글을 읽고, 질문에 답하세요.

> 두근거리는 마음으로 4학년 교실에 들어섰다. 1교시가 시작될 무렵 연세가 지긋한 선생님께서 들어오셨다. 눈이 침침하신지 안경을 쓰고 우리 학급에서 지켜야 할 것에 관한 글을 읽어 주셨다. 선생님께서는 친구와의 우애를 하찮게 여기지 말며 숙제를 게을리하지 않을 것을 강조하셨다. 친구 사이에도 엄연히 예절이 필요하고 일이 잘못됐을 때 친구를 탓하고 자신만의 이익을 위하는 이기심을 가지기보다는 서로 배려하자고 하셨다. 마지막으로 암만 잘못하더라도 뉘우치는 모습이 중요하다고 덧붙이셨다. 며칠 뒤 학급 회장 선거가 실시되었다. 나는 떨렸지만 용기를 내어 준비한 연설문을 멋지게 읽었다. 그리고 투표에서 내가 1위로 뽑혀 회장이 되었다.

1 아래에서 설명하는 단어를 윗글에서 찾아 써 보세요.

- 자기 혼자만을 위한 마음을 뜻해요.
- 친구들과 음식을 나누어 먹지 않고 혼자 먹을 때 사용할 수 있는 단어예요.
- 반대말로 '이타심'이 있어요.

☐ ☐ ☐

2 윗글의 내용과 일치하지 않는 것을 고르세요.

① 새 담임선생님은 연세가 드셨다.
② 선생님은 친구와의 우애를 강조하셨다.
③ 선생님은 친구 사이에도 예절이 필요하다고 말씀하셨다.
④ 회장 선거에서 나는 떨려서 연설문을 제대로 읽지 못했다.
⑤ 회장 투표에서 나는 1위로 회장에 당선되었다.

3 다음 뜻이 서로 반대되는 속담을 찾아 연결해 보세요.

① 가까운 이웃이 먼 친척보다 낫다 •

② 아는 것이 힘이다 •

• ㉠ 모르는 게 약이다

• ㉡ 피는 물보다 진하다

가로세로 낱말 퀴즈 '물'이 들어가는 낱말

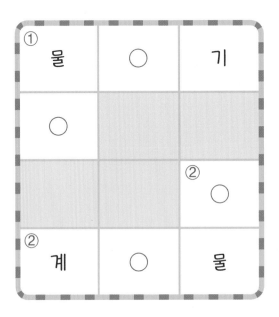

가로 → ① 어류의 척추동물을 통틀어 이르는 말

예 우리 집 어항에는 물○기가 10마리 있다.

② 계곡을 따라 흘러 내려가는 물

예 계○물이 시원하게 흐르는 소리는 정말 듣기 좋다.

세로 ↓ ① 말할 것도 없이

예 지민 우리는 평생 친구 하는 거야, 알았지?

민호 물○이지!

② 드물고 귀한 가치가 있는 보배로운 물건

예 친구들과 ○물찾기 놀이를 했다.

우리 동네 문제를 해결해요!

표결

내밀다

절차

제도

훈훈하다

내세우다

채택

전달

단계

규제

✏️ 새롭게 알게 된 단어에 표시해 보세요.

절차
일을 치르는 데 거쳐야 하는
순서나 방법

선거는 일정한 절차에
따라 진행돼요.

제도
관습이나 도덕, 법률 등의
규범이나 사회 구조의 체계

법 개정에는 제도적으로
큰 변화가 필요해요.

표결
투표를 하여 결정함

이번 일은 표결에
부쳐야 해요.

내밀다
돈이나 물건을 받으라고 내어 주다

변호사가 재판에서
결정적 증거를
내밀었어요.

내세우다
주장이나 의견을 내놓고
주장하거나 지지하다

회의에서 자신의 주장만
내세우면 안 돼요.

채택
작품, 의견, 제도 등을
골라서 다루거나 뽑아 씀

우리의 주장이 안건으로
채택되었어요.

훈훈하다
마음을 부드럽게 녹여 주는
따스함이 있다

모든 상황이 훈훈하게
마무리되었어요.

규제
규칙이나 규정으로 한도를
제한하거나 금지함

잘못된 규제는
없애야 해요.

전달
지시나 명령 등을 다른 사람이나
기관에 전하여 이르게 함

마을 주민의 서명이
관련 기관에
전달되었어요.

단계
일의 차례를 따라
나아가는 과정

변화가 한 단계씩
진행될 예정이에요.

✔️ 그림을 보고 [보기]에서 알맞은 단어를 골라 빈칸에 써 보세요.

> **보기** 표결, 채택, 내밀다, 규제

①

②

③

④

---------------- ---------------- ---------------- ----------------

1 밑줄 친 말과 바꾸어 쓸 수 있는 단어를 골라 ○표 하세요.

법을 시행하려면
일정한 **절차**를 거쳐야 한다.

· ·

우리나라의 입시 **제도**가
새롭게 바뀌었다.

목차

순서

항소

체계

편의

여비

2 빈칸에 알맞은 단어를 골라 V표 하세요.

① 우리 집 공사는 마무리 _____ 이다.

☐ 단계　　　☐ 단독　　　☐ 단골　　　☐ 단칸

② 값싼 외국 물건들의 반입을 _____ 하는 수입 금지령이 내려졌다.

☐ 규범　　　☐ 규제　　　☐ 규칙　　　☐ 규탄

3 빈칸에 알맞은 단어를 넣어 문장을 완성해 보세요.

① 이번 학급 회의에 내 안건이 ｜ ㅊ ｜ ㅌ ｜ 되었다.

② 이 편지를 지수에게 나 대신 ｜ ㅈ ｜ ㄷ ｜ 해 줄 수 있겠니?

1 다음 중 빈칸에 '내세우다'를 쓸 수 <u>없는</u> 것을 고르세요.

① 키가 가장 작은 친구를 맨 앞에 ＿＿＿＿＿＿＿.

② 자신의 물건을 가장 좋은 것이라고 ＿＿＿＿＿＿＿.

③ 자신의 의견을 당당히 ＿＿＿＿＿＿＿.

④ 해수욕장에 햇볕이 쨍쨍 ＿＿＿＿＿＿＿.

2 밑줄 친 단어의 뜻을 [보기]에서 찾아 기호를 써 보세요.

> **보기**
> ㉠ 마음을 부드럽게 녹여 주는 따스함이 있다
> ㉡ 날씨나 온도가 견디기 좋을 만큼 덥다

① 봄이 되자 **훈훈한** 공기가 느껴졌다. ☐

② 우리 반 선생님은 **훈훈한** 미소가 멋있다. ☐

3 밑줄 친 단어의 뜻에 맞는 말을 골라 ○표 하세요.

① 올해 학급 표어는 학급 회의에서 **표결**로 결정된다.

➡ (투표하여 결정함 / 선착순으로 결정함)

② 나는 좋아하는 친구에게 사탕을 **내밀었다.**

➡ (돈이나 물건을 받으라고 내어 주다 / 돈이나 물건을 되돌려 받다)

1 다음 글의 중심 내용에 맞게 빈칸에 들어갈 알맞은 단어를 써 보세요.

> 우리 마을에 시시 티브이(CCTV)를 설치하기 위한 공청회가 열렸다. 먼저 설치 관계자들이 CCTV를 설치하기 위한 절차와 현재 제도에 대해 자세히 설명했다. 마을 주민들은 준비한 의견을 내세우기도 하고 관련 증거를 내밀기도 했다. 잘못된 규제를 없애면 마을에 CCTV를 5대나 더 설치할 수 있다는 내용이었다. 이 밖에도 다양한 의견을 서로 주고받았고 공청회는 훈훈하게 잘 마무리되었다. 관계자들은 공청회에서 채택된 안건으로 내부 회의를 진행해 표결로 최종 결정을 하겠다는 말을 남기고 떠났다. 그리고 며칠 뒤, 마을에 CCTV가 3단계에 걸쳐 설치될 예정이라는 문서가 전달됐다. 마을 주민들은 모두 안전한 마을로 바뀔 수 있다며 기뻐했다.

마을 주민들의 요구로 CCTV가 3 ☐ ☐ 에 걸쳐 설치될 예정이다.

2 다음의 뜻을 지닌 사자성어를 고르세요.

> 돌 한 개를 던져 두 마리 새를 잡는다(한 가지 일을 통해 동시에 두 가지 이득을 봄)

① 십중팔구　　　　　　　　② 설상가상

③ 일석이조　　　　　　　　④ 일편단심

3 대화의 흐름상 빈칸에 알맞은 표현을 고르세요.

> 마을 주민　어서 대답해 주세요. 대답하지 않고 계속 ＿＿＿＿＿＿＿＿＿＿ 이유가 뭐죠?
>
> 관계자　　　잠시 저희끼리 이야기할 수 있는 시간을 주시겠습니까?

① 뜸을 들이는　　　　　　　② 발을 들이는

③ 눈독을 들이는　　　　　　④ 버릇을 들이는

오늘의 사자성어

반 신 반 의

半	信	半	疑
반 반	믿을 신	반 반	의심할 의

　반신반의는 '반은 믿고 반은 의심한다'는 뜻이에요. 누구 혹은 무엇인가를 확실히 믿을 수 없을 때 사용하는 사자성어죠. 친구에게 학교 괴담을 듣고 진짜인지 아닌지 구분하기 어려울 때, 친구가 줄넘기를 1,000개 한다는 이야기를 듣고 의심이 들 때 사용할 수 있는 표현이에요. 평소에 장난을 자주 치는 친구가 있는데 갑자기 선물 상자를 내밀어요. 여러분은 의심 없이 바로 열어볼 수 있을까요? 혹시 죽은 벌레나 쓸모없는 물건 등이 들어 있을 수도 있으니 선뜻 손이 가지 않을 거예요. 이럴 때 '반신반의'를 사용할 수 있죠.

　여러분은 친구들에게 어떤 친구로 보일까요? 믿을만한 친구일까요? 친구들 사이에는 믿음이 정말 중요해요. 친구끼리 서로 믿고 행동해야 더 가까워지죠. 거짓말을 계속하는 친구는 주변 친구들이 결국 모두 떠날 거예요. 친구에게는 무엇이든 솔직하게 이야기해 보세요. 거짓말은 더 큰 거짓말을 만들어 내서 나중에 되돌릴 수 없게 돼요. 친구뿐만 아니라 가족들에게도 항상 솔직하게 대한다면 '반신반의' 대신 '신뢰'를 얻는 믿음직한 여러분이 될 수 있을 겁니다.

물건들의 용도

흠씬

용도

즉석

삭막하다

구실

동력

뒤집어쓰다

철저히

위생

납작

✏️ **새롭게 알게 된 단어에 표시해 보세요.**

흠씬

물에 푹 젖은 모양

소나기가 내려 옷이
흠씬 젖었어요.

뒤집어쓰다

가루나 액체 등을 몸에 덮어쓰다

샤워 로봇은
우리 몸에 물을
뒤집어씌워 줘요.

용도

쓰이는 길 또는 쓰이는 곳

물건마다
용도가 달라요.

철저히

속속들이 꿰뚫어 밑바닥까지
빈틈이나 부족함이 없이

제조 과정에서 불량품은
철저히 분리되죠.

즉석

어떤 일이 진행되는 바로 그 자리

1인 가구를 위한
즉석식품이 인기예요.

구실

자기가 마땅히 해야 할
맡은 바 책임

로봇은 역할에 따른
제구실을 해야 해요.

삭막하다

쓸쓸하고 막막하다

신나는 음악은
삭막한 분위기를
부드럽게 바꿔요.

위생

건강에 유익하도록 조건을 갖추거나
대책을 세우는 일

위생장갑은 주로
주방에서 쓰여요.

동력

전기 또는 자연에 있는 에너지를
쓰기 위해 기계적인 에너지로 바꾼 것

이동하는 물건들은
움직이는 동력이
필요하죠.

납작

몸을 바닥에 바짝 대고
냉큼 엎드리는 모양

강아지 로봇은
납작 엎드려
애교를 부려요.

✅ **빈칸에 들어갈 단어로 알맞은 것을 찾아 연결해 보세요.**

① 옷이 비에 ☐☐ 젖었다. •   • 동력

② 30살이 되자 그가 사람 ☐☐ 을 한다. •   • 구실

③ ☐☐ 을 공급하자 불이 켜졌다. •   • 흠씬

④ 잡채를 무칠 때 ☐☐ 장갑을 낀다. •   • 위생

1 뜻에 알맞은 단어를 찾아 선으로 연결하고 빈칸에 써 보세요.

삭	넙	신	선	한
신	납	작	즉	삭
석	세	물	이	막
조	즉	각	솔	하
심	석	미	막	다

① ☐ ☐ : 몸을 바닥에 바짝 대고 냉큼 엎드리는 모양

② ☐ ☐ ☐ ☐ : 쓸쓸하고 막막하다

③ ☐ ☐ : 어떤 일이 진행되는 바로 그 자리

2 문장이 완성되도록 괄호 안에서 알맞은 단어를 고르세요.

① 이 물건의 (용도 / 남용)(은)는 무엇인가요?

② 전염병 예방을 위해 개인 (위생 / 환생)을 철저히 합시다.

③ 미래에는 새로운 자동차 (격동 / 동력)이 개발될 것이다.

3 밑줄 친 단어와 바꾸어 쓸 수 없는 것을 골라 ○표 하세요.

모든 가족 구성원이 제**구실**을 할 때 가정이 행복하다.

➡ 노릇 / 역할 / 소임 / 소행

1 다음 설명에 알맞은 단어를 고르세요.

> • '흠뻑'과 뜻이 똑같아요.
>
> • 물에 푹 젖은 모양을 표현할 때 쓰여요.
>
> • '매를 심하게 맞는 모양'이라는 뜻도 있어요.

① 흠씬   ② 한껏   ③ 활짝   ④ 온통

2 밑줄 친 단어의 뜻을 [보기]에서 찾아 기호를 써 보세요.

> 보기
> ㉠ 가루나 액체 등을 몸에 덮어쓰다
> ㉡ 남의 허물이나 책임을 넘겨 맡다
> ㉢ 모자, 수건 따위를 머리에 쓰다

① 온몸에 찬물을 <u>뒤집어썼다</u>. ☐

② 내 잘못이 아닌데 억울하게 누명을 <u>뒤집어썼다</u>. ☐

③ 큰 모자를 <u>뒤집어써서</u> 얼굴을 가렸다. ☐

3 밑줄 친 부분과 바꾸어 쓸 수 있는 말을 [보기]에서 찾아 문장을 다시 써 보세요.

> 보기   철두철미하게, 소홀하게, 신속하게, 투박하게

모든 계획은 **철저하게** 비밀에 부쳐졌다.

➡

[1~2] 다음 글을 읽고, 질문에 답하세요.

> 오늘은 다양한 물건의 용도를 소개해 보고자 한다. 모든 물건은 제구실을 하도록 만들어졌다. 샤워 로봇은 우리 몸에 물을 뒤집어씌우고, 우산은 비에 흠씬 젖지 않기 위해서 개발되었다. 또, 위생장갑은 주방에서 음식을 만들 때 쓰인다. 강아지 로봇은 새롭게 개발된 동력으로 납작 엎드려 애교를 부릴 수 있게 되었다. 즉석식품은 1인 가구와 바쁜 현대인들을 위해 개발되었고, 삭막한 분위기를 깨기 위한 음악을 언제 어디서나 들을 수 있게 해 주는 블루투스 스피커도 만들어졌다. 모든 물건들은 ▢▢▢▢▢(이)가 아니라 엄격한 절차에 따라 만들어지며 제조 과정에서 불량품을 철저히 분리하여 폐기한다. 이처럼 다양한 물건을 통해 우리의 삶이 더 편리해지고 윤택해졌다.

1 윗글을 읽고 알게 된 내용으로 알맞지 <u>않은</u> 것을 고르세요.

① 물건은 다양한 쓰임새가 있다.　　　　② 우산은 비를 맞지 않기 위해 개발되었다.

③ 위생장갑은 음식 만들 때 사용한다.　　④ 블루투스 스피커로 음악을 들을 수 있다.

⑤ 즉석식품은 혼자 사는 사람만 먹을 수 있다.

2 윗글의 빈칸에 들어갈 속담을 고르세요.

① 하늘의 별 따기　　　　　　　　　　② 가재는 게 편

③ 약방에 감초　　　　　　　　　　　　④ 수박 겉 핥기

3 서로 비슷한 뜻을 지닌 단어끼리 묶인 것을 고르세요.

> ㉠ 위생 – 불결　　　　　　　　㉡ 납작 – 희번덕
> ㉢ 삭막 – 쓸쓸　　　　　　　　㉣ 동력 – 에너지

① ㉠, ㉢　　　　　　② ㉠, ㉣　　　　　　③ ㉡, ㉢

④ ㉡, ㉣　　　　　　⑤ ㉢, ㉣

나의 문해력은 어느 정도?

여러분은 문해력이 중요하다는 이야기를 많이 들어보았죠? 심지어 지금 풀고 있는 문제집의 제목에도 문해력이 들어가네요. 이 문제집을 열심히 풀고 있다면, 여러분의 문해력은 또래 친구들만큼 충분히 향상되었다고 볼 수 있어요. 이 문제집을 다 풀고 틀린 문제를 다시 한번 살펴보면 교과서에 있는 단어들은 모두 다 알고 있는 게 될 거예요.

문제집 말고 다른 방법으로도 여러분의 문해력을 측정할 수가 있어요. 그것은 학년 수준에 맞는 동화책을 읽고 이해할 수 있는지 알아보는 거예요. 너무 간단한가요? 단, 모르는 단어는 문맥을 통해 파악하거나 스스로 국어사전을 찾아봐야 해요. 그리고 모르는 단어가 너무 많아서 글의 내용을 이해할 수 없다면 아직 문해력 공부가 조금 더 필요한 수준이라는 것을 인정해야 해요. 4학년 친구들, 『아름다운 아이 줄리언』을 읽어 보고 이해할 수 있다면 또래 친구들만큼 문해력이 충분한 상태라고 할 수 있어요. 알퐁스 도데의 『별』을 읽고 이해할 수 있다면 문해력이 무척이나 뛰어난 상태라고 생각하면 되고요. 문제집도 열심히 풀고, 다양한 내용의 동화책도 즐겁게 읽으면 문해력을 더 빨리 향상시킬 수 있을 거예요.

주말! 아빠 미행 작전!

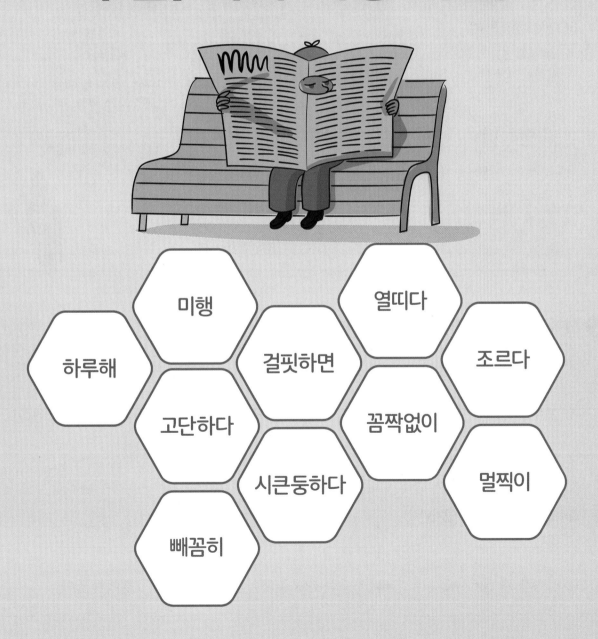

미행

열띠다

하루해

걸핏하면

조르다

고단하다

꼼짝없이

시큰둥하다

멀찍이

빼꼼히

✏️ **새롭게 알게 된 단어에 표시해 보세요.**

미행

다른 사람의 행동을 감시하거나 증거를 잡기 위해 몰래 뒤를 밟음

나는 주말에 아빠를 미행하기로 했어요.

걸핏하면

조금이라도 일이 있기만 하면 곧

아빠는 토요일마다 걸핏하면 외출해요.

열띠다

열기를 품다

동생과 나는 열띤 토의를 통해 방법을 정했죠.

멀찍이

사이가 꽤 떨어지게

우리는 멀찍이 떨어져서 아빠를 쫓아갔어요.

하루해

해가 떠서 질 때까지의 동안

아빠는 하루해가 다 가도록 일만 하고 있었어요.

꼼짝없이

현재의 상태를 벗어날 방법이나 여지가 전혀 없이

이번 주말도 나는 꼼짝없이 출근해야 할 것 같아.

시큰둥하다

달갑지 아니하거나 못마땅하여 시들하다

동생의 계획을 듣고 나는 시큰둥한 표정을 지었어요.

빼꼼히

작은 구멍이나 틈 사이로 아주 조금만 보이는 모양

나와 동생은 아빠의 사무실을 빼꼼히 들여다봤어요.

고단하다

몸이 지쳐서 몹시 기운이 없다

아빠가 고단한 몸을 이끌고 퇴근했어요.

조르다

다른 사람에게 끈덕지게 무엇을 자꾸 요구하다

우리는 그동안 아빠를 졸랐던 것이 죄송해졌어요.

✅ **단어의 뜻을 보고, 문장에 알맞은 말을 써 보세요.**

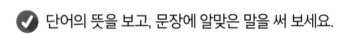

뜻		문장

① 열기를 품다 ➡️ 그의 무대가 끝난 후 [ㅇ][ㄸ] 박수와 환호가 들렸다.

② 현재의 상태를 벗어날 방법이나 여지가 전혀 없이 ➡️ 그는 도망을 치던 중 [ㄲ][ㅉ][ㅇ][ㅇ] 붙잡혀 버렸다.

③ 조금이라도 일이 있기만 하면 곧 ➡️ 내 동생은 [ㄱ][ㅍ][ㅎ][ㅁ] 울며 떼를 쓴다.

④ 사이가 꽤 떨어지게 ➡️ 철수는 친구들과 [ㅁ][ㅉ][ㅇ] 떨어져 있다.

1 빈칸에 공통으로 들어갈 한 글자를 써 보세요.

- 경찰이 범인을 미[ ]했다.

- 적의 도발에 대응해 공격을 감[ ]했다.

- 불량배가 시민을 폭[ ]하는 사건이 발생했다.

※ 불량배: 행실이나 성품이 나쁜 사람들의 무리

2 대화의 빈칸에 들어갈 알맞은 단어를 써 보세요.

지우 서현아, 이번엔 네가 [ㅃ][ㄲ][ㅎ] 들여다볼 차례야.

서현 언니, 근데 벌써 10번째야. 이러다 [ㅎ][ㄹ][ㅎ] 가 다 갈 것 같아.

지우 그럼 우리 이제 집에 갈까?

3 다음 표에 있는 단어의 비슷한 말과 반대말을 [보기]에서 찾아 써 보세요.

보기	활기차다, 멀찌감치, 피곤하다, 가까이

	비슷한 말	반대말
멀찍이		
고단하다		

1 밑줄 친 단어와 바꾸어 쓸 수 있는 것을 고르세요.

> 혜자는 **걸핏하면** 화를 내서 친해지기 어렵다.

① 산뜻하면　　② 툭하면　　③ 하마터면　　④ 솔깃하면　　⑤ 자세히

2 대화의 밑줄 친 단어의 뜻으로 알맞은 것을 괄호에서 골라 ○표 하세요.

> 현식　명수야, 감기에 심하게 걸렸다더니 괜찮아?
>
> 명수　조금 힘들긴 해. **꼼짝없이** 누워 지내려니 허리도 아프네.
>
> ➡　현재의 상태를 벗어날 방법이나 여지가 (전혀 없이 / 수두룩하게)

3 다음 중 [보기]의 단어를 사용해 만들 수 <u>없는</u> 문장을 고르세요.

> | 보기 | 조르다, 시큰둥하다 |

① 아버지에게 핫도그를 사달라고 [　　　　].

② 오늘따라 아버지의 반응이 [　　　　].

③ 생활비가 빠듯해 우리는 허리띠를 [　　　　].

④ 새로 산 장난감이 [　　　　].

[1~2] 다음 글을 읽고, 질문에 답하세요.

함께 놀이공원에 가기로 한 아빠가 약속을 또 어겼다. 아빠는 이번 주도 꼼짝없이 출근하게 됐다며 시큰둥해하는 우리에게 미안해하며 집을 나섰다. 결국, 동생과 나는 열띤 토의 끝에 토요일마다 걸핏하면 출근하는 아빠를 미행하기로 했다. 우리는 멀찍이 떨어져서 아빠의 뒤를 밟았다. 아빠가 사무실로 들어가는 모습을 보고 조용히 따라가서 사무실 안을 빼꼼히 들여다보았다. 열심히 일하는 아빠가 보였다. 식사도 안 하시고 하루해가 다 가도록 일하는 모습을 보니 코끝이 찡해졌다. 항상 집에 오면 고단해하는 아빠의 모습이 이해되었다. 앞으로 아빠를 너무 조르지 말고 가끔 안마도 해 드려야겠다는 생각이 들었다.

1 윗글의 내용과 일치하는 것을 고르세요.

① 아빠는 토요일마다 출근하는 것을 좋아한다.　② 아빠는 사무실에 가지 않고 오락실에 갔다.
③ 아빠의 일하는 모습을 보고 마음이 아팠다.　④ 동생과 아빠를 자주 미행했다.

2 윗글의 내용과 관련된 아래의 상황에 알맞은 표현을 골라 V표 하세요.

동생과 내가 미행하던 도중 아빠가 갑자기 뒤를 돌아봤다. 나와 동생은 재빨리 전봇대 뒤에 숨었다. 심장이 두근두근했다. '못 봤겠지?', '들키면 안 되는데……'

① 동생과 나는 아빠에게 들킬까 봐 손에 땀을 쥐었다. ☐
② 동생과 나는 평소에 오지랖이 넓은 편이다. ☐
③ 동생과 나는 아빠의 콧대를 꺾어 주었다. ☐

3 다음 상황에 알맞은 속담을 고르세요.

동생과 나는 어렸을 때부터 항상 꼭 붙어 다녔다. 같이 놀고, 같이 자고, 같이 먹는다. 우리는 떼려야 뗄 수 없는 사이다.

① 바늘 가는 데 실 간다　② 고래 싸움에 새우 등 터진다
③ 호박이 넝쿨째로 굴러 들어온다　④ 원수는 외나무다리에서 만난다
⑤ 오르지 못할 나무는 쳐다보지도 마라

가로세로 낱말 퀴즈 '토'가 들어가는 낱말

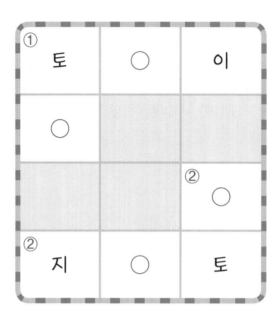

가로 → ① 대대로 그 땅에서 나서 오래도록 살아 내려오는 사람
　　예 이장님은 우리 마을 토○이다.
　　② 종이, 점토, 접착제 등을 섞어서 만든 공예 재료
　　예 오늘은 찰흙과 지○토로 인형을 만들겠습니다.

세로 ↓ ① 어떤 문제에 대하여 여러 사람이 각각 의견을 말하며 논의함
　　예 토○을 위해 찬성팀과 반대팀으로 나누겠습니다.
　　② 어떤 사실이나 내용을 분석하여 따짐
　　예 시험 문제를 풀면 다시 한번 ○토하는 게 좋다.

12

새 친구들과 사이좋게 지내요

냉대

화합

정착

이주

차별

달하다

소복이

마침내

밭치다

언짢다

✏️ 새롭게 알게 된 단어에 표시해 보세요.

냉대
정성을 들이지 않고 아무렇게나 하는 대접
몇몇 친구들이 나를 냉대했죠.

이주
본래 살던 집에서 다른 집으로 거처를 옮김
그들은 사는 지역을 떠나 먼 곳으로 이주했어요.

화합
화목하게 어울림
마을 화합을 위한 체육대회가 열렸어요.

차별
둘 이상의 대상을 등급이나 수준의 차이를 두어 구별함
우리는 말투가 다르다는 이유로 차별을 받았어요.

정착
일정한 곳에 자리를 잡아 붙박이로 있거나 머물러 삶
우리 가족은 새롭게 정착한 곳에 집을 구했어요.

언짢다
마음에 들지 않거나 좋지 않다
다시 생각해 보니 언짢은 기분이 들었어요.

소복이
쌓이거나 담긴 물건이 볼록하게 많이
나는 옆집 친구와 소복이 쌓인 눈을 함께 치웠어요.

밭치다
구멍이 뚫린 물건 위에 국수나 채소 등을 올려 물기를 빼다
삶은 면을 채반에 밭쳐 물기를 빼요.

마침내
드디어 마지막에는
마침내 새 친구들과 나는 오해를 풀고 사이좋게 지내게 되었죠.

달하다
일정한 표준, 수량, 정도에 이르다
새로 만든 국수는 100인분에 달해요.

✅ 단어와 뜻이 올바르게 연결될 수 있도록 중간에 선을 그어 사다리를 만들어 보세요.

소복이	차별	마침내	냉대
드디어 마지막에는	정성을 들이지 않고 아무렇게나 하는 대접	쌓이거나 담긴 물건이 볼록하게 많이	둘 이상의 대상을 등급이나 수준의 차이를 두어 구별함

1 다음 상황에 관련된 단어를 [보기]에서 골라 써 보세요.

> 보기   달하다, 받치다, 언짢다

① 왜 자꾸 내 단점을 이야기하고 다니는 거야?

② 100원씩 모은 돈이 어느덧 3,000원이 되었다.

③ 엄마는 씻어 놓은 채소를 채반에 담았다.

2 빈칸에 공통으로 들어갈 한 글자를 써 보세요.

- 우리 가족은 새로 지은 아파트에 입[ ]했다.

- 지니는 고향을 떠나 외국으로 이[ ]했다.

- 우리 집 [ ]소는 강원도 원주시 개운동이다.

3 밑줄 친 단어의 뜻을 [보기]에서 찾아 기호를 써 보세요.

> 보기   ㉠ 일정한 곳에 자리를 잡아 붙박이로 있거나 머물러 삶
> ㉡ 새로운 문화 현상, 이론 등이 당연한 것으로 사회에서 받아들여짐

① 삼촌은 결혼하고 새로운 곳에 **정착**했다.

② 우리 반에 서로를 배려하는 문화가 **정착**되었다.

③ 신석기 시대에는 사람들이 강가에 **정착**해 농사를 지었다.

1 밑줄 친 단어와 바꾸어 쓸 수 <u>없는</u> 것을 골라 ○표 하세요.

친구를 대할 때 **냉대**하지 말고 친절하게 대해 줍시다.
➡ 푸대접 / 선심 / 박대 / 홀대

2 대화의 빈칸에 공통으로 들어갈 단어를 찾아 ∨표 하세요.

학생들 선생님, 밖에 눈이 내려 _____ 쌓였어요. 눈사람 만들어도 될까요?

선생님 교실에 _____ 쌓인 먼지를 모두 정리하면 나갈 수 있어요.

학생들 네. 바로 청소 시작하겠습니다.

☐ 포근히   ☐ 소복이   ☐ 따뜻이   ☐ 아늑히

3 빈칸에 들어갈 단어가 바르게 짝지어진 것을 고르세요.

• 친구를 피부색에 따라 ____㉠____ 하면 안 됩니다.

• 우리 자매는 사이가 좋아 ____㉡____ 이 잘된다.

• 길을 헤매다 ____㉢____ 저 멀리 있는 집을 발견했다.

	㉠	㉡	㉢
①	호명	분열	기필코
②	호명	화합	마침내
③	호명	분열	마침내
④	차별	화합	마침내
⑤	차별	분열	기필코

[1~3] 다음 글을 읽고, 질문에 답하세요.

이번에 부모님의 근무지가 다른 곳으로 발령이 나서 우리 가족은 새로운 곳으로 이주하게 되었다. 새롭게 정착하기 위해 집도 미리 알아보고, 학교도 전학을 갔다. 들뜬 마음과는 달리 새 학교에서 나는 몇몇 친구들에게 차별을 당했다. 말투가 다르다는 이유로 냉대하며 친구들이 나를 놀이에 끼워 주지 않았다. 언짢은 마음이 가득했지만 눈이 펑펑 내려 소복이 쌓인 길을 걸으며 친구들에게 긍정적인 마음으로 다가가기로 여러 번 마음을 다잡았다.

오늘은 우리 학교에서 마을 주민 화합 행사가 열리는 날이었다. 친구들과 함께 어른들이 삶은 면을 채반에 밭쳐 물기를 빼고 100인분에 달하는 국수를 준비하는 것을 도왔다. 친구들과 함께 음식을 준비하며 서로 이야기 나누다 보니 자연스럽게 오해가 풀렸다. 마침내 친구들과 친해져서 기분이 좋았다.

1 아래에서 설명하는 단어를 윗글에서 찾아 써 보세요.

- 친구의 겉모습만 보고 _____ 하면 안 됩니다.
- 비슷한 말로 '차등'이 있어요.
- 반대말로는 '평등'이 있어요.

2 윗글의 내용과 관련된 문장 중 알맞지 않은 표현을 쓴 것을 골라 V표 하세요.

① 국수 100인분을 만들려니 **눈코 뜰 사이 없이** 바쁘네.

② 친구들과 함께 음식을 **눈 깜짝할 사이**에 모두 준비했다.

③ 국수와 함께 전을 부치며 함께 **눈도 붙였다.**

3 윗글에 관련된 대화의 빈칸에 공통으로 들어갈 단어를 골라 V표 하세요.

현서 한별아, 거기 있지 말고 여기 와서 한 _____ 걸칠래? 할 일이 많아.

한별 응. 재료 준비를 도울게. 국수 만들기 때문에 근심이 많아 보이던데, 괜찮아?

현서 부담스러워서 그랬는데, 내일이면 두 _____를 펴고 잘 수 있을 것 같아.

☐ 다리　　☐ 자리　　☐ 머리　　☐ 고리

긍정의 힘!

긍정의 힘에 대해 들어본 적 있나요? 긍정적인 생각을 많이 하면 표정도 밝아지고, 친구도 많아지고, 더 행복해질 수 있다고 해요. 교실의 친구들을 떠올려 보세요. 항상 밝은 친구들이 떠오르나요? 밝은 친구들의 특징은 '난 할 수 있어.'라는 생각을 자주 한다는 거예요. 그 친구들은 자기 능력을 믿고 새로운 것에 도전하는 것을 두려워하지 않아요. 새롭게 공부하는 내용이 조금 어려워도 나중에는 모두 이해할 수 있고, 해결할 수 있다고 믿죠. '난 안 돼.'라는 생각은 하지 않습니다. 긍정적인 친구들은 학교 체육 시간, 미술 시간, 음악 시간에도 마찬가지로 자신감 있게 최선을 다해요. 이렇게 최선을 다하다 보니 실력이 저절로 늘게 돼요.

여러분이 만약 어려운 문제와 만나면 "난 할 수 있어."라고 외쳐 보세요. 정말 모르겠어도 '더 공부하면 풀 수 있어.'라고 긍정적으로 생각하면 돼요. 그러면 결국 자신감이 길러지고, 공부에 대해 긍정적인 마음이 가득해질 거예요. 여러분들이 배우는 내용은 모두 새로운 겁니다. 모르는 것이 당연하죠. 배우자마자 모두 이해하고 다 맞으면 좋겠지만, 그럴 수는 없어요. 오히려 많이 틀리는 게 더 많이 배울 수 있는 기회를 갖는 셈이 돼요. 모르면 다시 한 번 공부하면 되고, 그때도 모르면 두 번 더 공부하면 되니까요. 앞으로 '난 할 수 있어.'라는 마음가짐으로 웃으며 생활하면 학습뿐만 아니라 교우관계, 생활, 예체능 실력까지 모두 쑥쑥 늘어나게 될 거예요.

전염병은 물러가라!

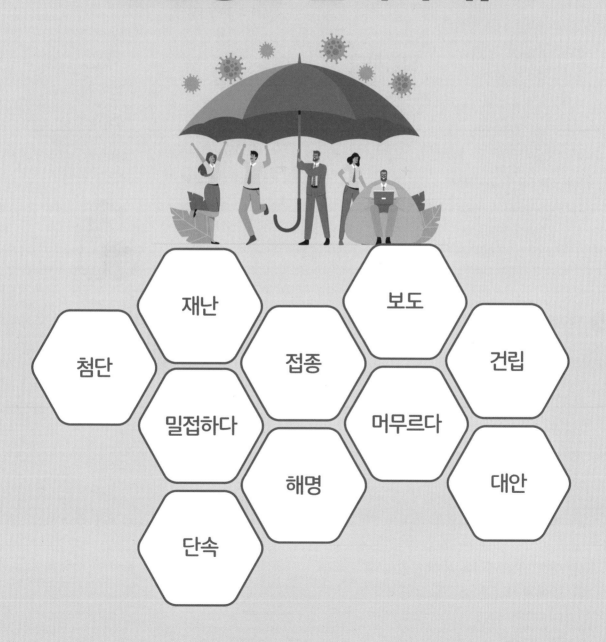

재난

보도

첨단

접종

건립

밀접하다

머무르다

해명

대안

단속

✏️ 새롭게 알게 된 단어에 표시해 보세요.

재난
뜻밖에 일어난 재앙과 고난
전 세계에 큰 재난이 발생했어요.

접종
병의 예방·치료 등을 위해 소량의 병원균을 몸에 주입함
전염병의 확산을 막기 위해 예방 접종이 시작되었죠.

보도
대중 전달 매체를 통해 사람들에게 새로운 소식을 알림
매일 TV에서 확진자 소식이 보도되었죠.

머무르다
도중에 멈추거나 일시적으로 어떤 곳에 묵다
격리 환자들은 별도의 숙소에 머물러요.

첨단
시대의 사조, 학문, 유행 등의 맨 앞장
첨단 과학기술도 전염병을 막기엔 역부족이죠.

해명
까닭이나 내용을 풀어서 밝힘
전염병 확산에 늦은 대처를 해명하는 자료가 제출되었어요.

밀접하다
아주 가깝게 맞닿아 있다
전염병은 위생과 밀접한 관련이 있어요.

대안
어떤 생각이나 계획을 대신할 안
전염병 예방의 대안으로 거리두기가 강조됐어요.

단속
규칙이나 법령 등을 지키도록 통제함
공무원들이 마스크 착용 여부를 단속했어요.

건립
기관, 조직체 등을 새로 조직함
전염병 예방 센터가 건립되었어요.

✔️ 단어의 뜻을 보고, 문장에 알맞은 말을 써 보세요.

뜻 / 문장

① 시대의 사조, 학문, 유행 등의 맨 앞장 ➡️ [ㅊ][ㄷ] 과학기술의 발전으로 생활이 편리해졌다.

② 규칙이나 법령 등을 지키도록 통제함 ➡️ 음주운전 특별 [ㄷ][ㅅ]이 시작되었다.

③ 뜻밖에 일어난 재앙과 고난 ➡️ [ㅈ][ㄴ]이 발생하면 침착하게 행동해야 한다.

④ 대중 전달 매체를 통해 사람들에게 새로운 소식을 알림 ➡️ 우리 반 알뜰장터 활동이 신문에 [ㅂ][ㄷ]되었다.

1 빈칸에 공통으로 들어갈 한 글자를 써 보세요.

- 하온이가 이번 문제를 해결하기 위한 □안을 제시했다.

- 아군과 적군이 이틀째 □치 중이다.

- 싸우지 말고 □화로 해결해 봅시다.

2 대화의 빈칸에 들어갈 알맞은 단어를 써 보세요.

철수 전염병 예방 □(ㅈ) □(ㅈ) 이 오늘부터 시작된대.

영희 정말? 지난번에 □(ㄱ) □(ㄹ) 된 기관에서 만든 백신을 맞는 거야?

철수 맞아! 전염병 예방 센터에서 오늘부터 맞을 수 있대.

영희 이 백신으로 전염병이 빨리 사라졌으면 좋겠다.

3 다음 표에 있는 단어의 비슷한 말과 반대말을 [보기]에서 찾아 써 보세요.

보기	가깝다, 떠나다, 멀다, 남다

	비슷한 말	반대말
밀접하다		
머무르다		

1 밑줄 친 단어와 바꾸어 쓸 수 있는 것을 고르세요.

전 세계적인 전염병으로 국가 **재난** 상태가 선포되었다.

① 재앙   ② 대기   ③ 폭등   ④ 동력   ⑤ 꾸중

2 대화의 밑줄 친 단어의 뜻으로 알맞은 것을 괄호에서 골라 ○표 하세요.

현수   뉴스에 나왔는데 이번 주가 안전벨트 착용 특별 **단속** 기간이래요.

아빠   우리는 항상 안전벨트를 착용하니까 괜찮을 것 같구나.

➡ 규칙이나 법령 등을 (지키도록 / 어기도록) 통제함

3 다음 중 [보기]의 단어를 사용해 만들 수 <u>없는</u> 문장을 고르세요.

보기   첨단, 해명, 보도

① 새로 지은 집에는 [   ] 기술이 적용되었다.

② 친구의 [   ] (을)를 듣고 나니 오해가 풀렸다.

③ 우리 집에서 공원까지 [   ] (으)로 10분 걸린다.

④ TV 뉴스에 친구가 인터뷰한 내용이 [   ] 되었다.

[1~2] 다음 글을 읽고, 질문에 답하세요.

오늘은 전염병이 발생해 국가 재난 상태가 선포된 지 2년째 되는 날이다. 매일 TV에서 확진자 소식이 보도되고 있고, 관계자들은 잘못된 정보들에 대해 해명을 한다. 우리나라에서는 전염병 예방센터를 건립해 첨단 과학기술로 예방 접종과 치료제 개발에 힘쓰고 있다. 치료제 개발 전까지는 모든 사람이 외출을 자제하고 가족과 함께 집에 머물기가 대안으로 제시되었다. 전염병은 위생과 밀접한 관련이 있다. 따라서 항상 비누로 손을 깨끗이 씻고 마스크를 착용해야 한다. 마스크를 착용하지 않으면 단속되어 벌금을 낼 수도 있다. 최근에는 다행히 전염병의 확산 속도가 제자리에 머무르며 차츰 일상으로 돌아가고 있다.

1 윗글의 내용과 일치하는 것을 고르세요.

① 손을 깨끗이 씻으면 전염병을 예방할 수 없다.
② 마스크를 착용하지 않으면 단속된다.
③ 우리나라에서 전염병 치료제가 개발되었다.
④ 최근에 전염병이 빠르게 확산하고 있다.

2 윗글의 내용과 관련된 아래의 상황에 알맞은 표현을 골라 V표 하세요.

모두 전염병 예방을 위해 손 씻기와 마스크 착용을 생활화하고 있다. 하지만 철수는 건강한 사람은 걸리지 않는다며 방역 수칙을 지키지 않는다.

① 철수는 심각한 상황인데도 눈이 높구나?
② 철수는 심각한 상황인데도 눈을 붙이는구나?
③ 철수는 심각한 상황인데도 눈 하나 깜짝 안 하는구나?

3 다음 상황에 알맞은 속담을 고르세요.

이현영 박사는 전염병 치료제를 전 세계 최초로 개발했다. 하지만 본인보다 함께 연구한 팀원들을 치켜세우며 겸손한 모습을 보였다.

① 가랑비에 옷 젖는 줄 모른다
② 벼는 익을수록 고개를 숙인다
③ 지렁이도 밟으면 꿈틀한다
④ 호랑이도 제 말 하면 온다
⑤ 개구리 올챙이 적 생각 못 한다

가로세로 낱말 퀴즈 '승'이 들어가는 낱말

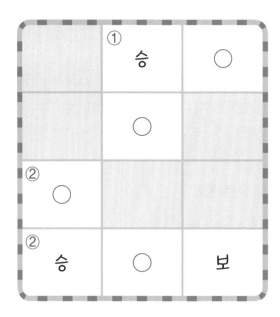

가로 →

① 말을 탐

　예 제주도에서 승○ 체험을 했다.

② 전쟁이나 경기 등에서 이긴 경과를 적은 기록

　예 어제 새벽 대한민국 축구대표팀의 승○보가 전해져 왔다.

세로 ↓

① 겨루어서 이김

　예 옆 반과 축구 경기에서 우리 반이 승○했다.

② 사람이 죽은 뒤에 혼이 가서 산다고 하는 세상

　예 이 은혜는 ○승에 가서도 잊지 않을게요.

14

지도를 만들어요

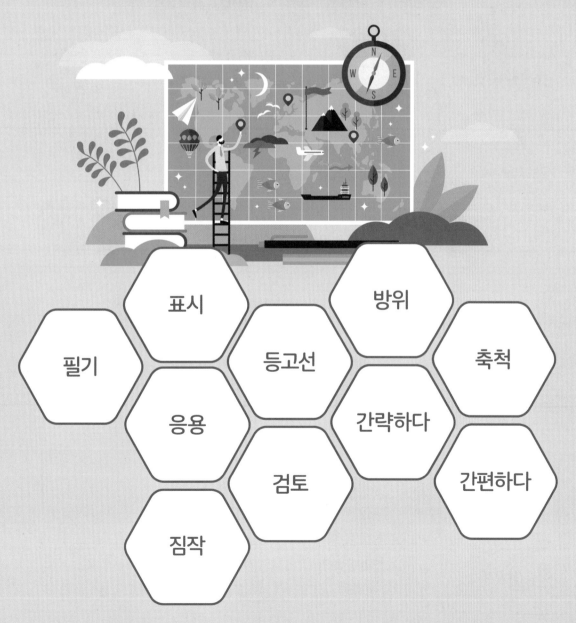

필기

표시

등고선

방위

축척

응용

간략하다

검토

짐작

간편하다

✏️ 새롭게 알게 된 단어에 표시해 보세요.

표시
표를 하여 외부에 드러내 보임
지도에 우리가 사는 곳을 표시해 보자.

방위
동·서·남·북의 방향을 기준으로 하여 나타내는 위치
지도에는 방위가 표시되어 있어요.

등고선
지도에서 해발 고도가 같은 지점을 연결한 곡선
등고선으로 땅의 높낮이를 구별해요.

축척
지도에서의 거리와 지표에서의 실제 거리와의 비율
축척에 따라 지도를 축소해 만들었어요.

필기
글씨를 씀
수업 시간에 새롭게 알게 된 점을 필기해 보세요.

간략하다
간단하고 짤막하다
지도는 간략하게 그 지역의 정보를 제공해요.

검토
어떤 사실이나 내용을 분석하여 따짐
보고서에 틀린 부분이 없는지 검토해 보세요.

간편하다
간단하고 편리하다
스마트폰으로 지도를 간편하게 볼 수 있어요.

응용
얻은 지식을 개개의 사례나 다른 분야에 적용함
지도를 어떻게 응용할 수 있을까?

짐작
사정이나 형편 따위를 어림잡아 헤아림
내가 짐작한 대로 일이 진행되고 있어요.

✅ 단어와 뜻이 올바르게 연결될 수 있도록 중간에 선을 그어 사다리를 만들어 보세요.

표시	필기	검토	짐작
사정이나 형편 따위를 어림잡아 헤아림	표를 하여 외부에 드러내 보임	글씨를 씀	어떤 사실이나 내용을 분석하여 따짐

1 다음 상황에 관련된 단어를 [보기]에서 골라 써 보세요.

> 보기   응용, 방위, 축척

① 지도에 방향을 나타내는 표시가 있다.

② 수학 공식을 새로운 문제에 적용해서 풀었다.

③ 지도는 실제 거리를 일정한 비율로 줄여서 나타낸다.

2 빈칸에 공통으로 들어갈 한 글자를 써 보세요.

- ☐ 고선은 땅의 높낮이를 표시하는 가장 좋은 방법이다.

- 고기는 ☐ 급이 높을수록 품질이 좋다.

- 수학 시간에 두 수의 크기 비교를 부 ☐ 호로 나타냈다.

3 밑줄 친 단어의 뜻을 [보기]에서 찾아 기호를 써 보세요.

> 보기   ㉠ 문구나 기호를 외부에 나타내 보임
> ㉡ 겉으로 드러내 보임

① 원산지 **표시**를 보고 국산 제품을 샀다.   ☐

② 따뜻한 말로 관심을 **표시**했다.   ☐

1 밑줄 친 단어와 바꾸어 쓸 수 <u>없는</u> 것을 골라 ○표 하세요.

> 나들이 갈 때는 **간편한** 옷차림이 좋습니다.
> ➡ 간소한 / 거뜬한 / 단출한 / 가벼운

2 대화의 빈칸에 공통으로 들어갈 단어를 찾아 V표 하세요.

> **선생님** 수업 시작하겠습니다. 교과서와 _____ 도구를 꺼내 주세요.
>
> **학생들** 네. 오늘 배울 내용도 열심히 _____ 하겠습니다.
>
> **선생님** 오늘도 즐겁게 공부해 봅시다.

☐ 필기	☐ 실기	☐ 표현	☐ 반성

3 빈칸에 들어갈 단어가 바르게 짝지어진 것을 고르세요.

> • 역시 내 ____ ㉠ ____ 이 딱 들어맞았어.
>
> • 오늘 배운 내용을 ____ ㉡ ____ 정리해 봅시다.
>
> • 다 풀었으면 다시 한번 ____ ㉢ ____ 해 보세요.

	㉠	㉡	㉢
①	침착	간략하게	검침
②	짐작	빈약하게	검토
③	짐작	간략하게	검토
④	짐작	빈약하게	검침
⑤	침착	간략하게	검토

[1~2] 다음 글을 읽고, 질문에 답하세요.

> 오늘 사회 시간에는 어떤 내용을 배울지 짐작이 가나요? 오늘 배울 내용은 지도입니다. 지도에는 방향을 나타내는 방위, 실제보다 축소해 표현하는 축척, 해발 고도를 연결하는 등고선을 사용합니다. 교과서 빈 곳에 필요한 내용을 필기해 볼까요? 이제부터 모둠별로 우리 마을 지도를 그려 봅시다.
>
> 자, 다들 마을 지도를 그렸나요? 완성된 모둠은 잘못된 부분은 없는지 검토해 보세요. 4 모둠은 지도를 응용해 새롭게 표현했네요. 지도는 이처럼 정보를 한눈에 볼 수 있게 표시해 주죠. 최근에는 스마트폰으로 간편하게 지도를 볼 수도 있어요.
>
> 그럼, 마지막으로 오늘 배운 내용을 간략하게 3줄로 요약해서 발표해 봅시다.

1 아래에서 설명하는 단어를 윗글에서 찾아 써 보세요.

- 긴 내용을 짧게 요약할 때 사용해요.
- 반대말로 '복잡하게'가 있어요.

☐ ☐ ☐ ☐

2 윗글에 관련된 대화의 빈칸에 공통으로 들어갈 말에 ∨표 하세요.

현서 떠들기만 하던 시우가 지도를 열심히 그리고 있네.

한별 그러게. 지난 시간에는 지도 그리는 건 별 볼 _____ 없는 거라고 했었잖아.

현서 정말 알다가도 모를 _____이야.

☐ 일   ☐ 손   ☐ 군   ☐ 밥

3 다음 뜻이 서로 반대되는 속담을 찾아 연결해 보세요.

① 열 번 찍어 아니 넘어가는 나무 없다 •   • ㉠ 계란으로 바위를 친다

② 미운 아이 떡 하나 더 준다 •   • ㉡ 귀한 자식 매 한 대 더 때린다

오늘의 사자성어

조 삼 모 사

朝 三 暮 四

아침 조　　석 삼　　저물 모　　넉 사

　　조삼모사는 한자 뜻을 풀이해 보면, '아침에는 세 개, 저녁에는 네 개'라는 뜻이에요. 왜 이런 사자성어가 생기게 되었을까요? 예전에 원숭이를 키우던 한 사람이 있었어요. 원숭이가 자라며 점차 식구가 늘어나게 되었고, 먹이인 도토리를 구하기가 어려워졌죠. 그래서 그 사람은 원숭이들을 모아 놓고 이렇게 이야기했어요. "앞으로 아침에는 도토리 3개, 저녁때는 4개를 주겠다."라고 말이죠. 그러자 원숭이들은 저녁보다 아침에 한 개 덜 먹으면 배가 고프다고 아우성을 쳤어요. "그러면 아침에는 도토리 4개, 저녁때 3개를 주겠다. 그러면 저녁에 아침보다 한 개를 덜 먹을 수 있겠지?" 그 사람이 다시 말했어요. 이 말을 듣고 원숭이들은 모두 좋다고 크게 손뼉을 쳤다고 해요.

　　결국 7개를 똑같이 먹는 건데 원숭이들은 눈앞에 보이는 차이만 생각한 셈이죠. 이처럼 눈앞에 보이는 차이만 알고 결과가 같은 것을 모르는 어리석은 상황에 쓰이는 사자성어가 바로 '조삼모사'입니다.
누군가를 속일 때 '조삼모사로 속인다'라고 표현하기도 해요. 새로운 정보를 접할 때는 늘 그럴듯하게 속이거나 과장된 내용은 없는지 꼭 한 번 확인해 보세요.

위대한 이순신 장군님

일생

자부심

달래다

다듬다

울적하다

세우다

일정

무찌르다

발휘

기리다

✏️ 새롭게 알게 된 단어에 표시해 보세요.

일생

세상에 태어나서 죽을 때까지의 동안

장군은 나라를 위해 일생을 헌신했어요.

기리다

뛰어난 업적이나 위대한 사람을 칭찬하고 기억하다

이순신 장군의 숭고한 정신을 기려야 해요.

자부심

자신의 가치나 능력을 믿고 당당히 여기는 마음

그에게서 조국에 대한 자부심이 느껴졌죠.

울적하다

마음이 답답하고 쓸쓸하다

혼자 있으면 문득 울적한 마음이 들지는 않았을까?

달래다

슬프거나 흥분한 감정 등을 가라앉게 하다

나는 눈물을 보이는 친구들을 달래 주었죠.

일정

일정한 기간 동안 해야 할 일을 날짜별로 짜 놓은 것

부대원들은 정해진 일정에 따라 임무를 수행해요.

다듬다

맵시를 내거나 고르게 손질하여 매만지다

장군은 군복의 매무새를 다듬고 전장에 나섰어요.

무찌르다

적을 쳐서 이기거나 없애다

이순신 장군은 왜군을 크게 무찔렀어요.

세우다

계획, 방안 따위를 정하거나 짜다

우리 군은 기발한 전략을 세워 전투에서 승리했어요.

발휘

재능, 능력 따위를 떨치어 나타냄

훌륭한 장군들은 위기의 순간에 기지를 발휘하죠.

✅ 그림을 보고 [보기]에서 알맞은 단어를 골라 빈칸에 써 보세요.

> **보기**   무찌르다, 다듬다, 달래다, 일정

①

②

③

④

---------------   ---------------   ---------------   ---------------

1 밑줄 친 말과 바꾸어 쓸 수 있는 단어를 골라 ○표 하세요.

이순신 장군은 **일생**을
나라를 위해 헌신했다.

· ·

우리나라에 대해 **자부심**을
가져야 한다.

평생

살생

소생

의지

긍지

무지

2 빈칸에 알맞지 <u>않은</u> 단어를 골라 ∨표 하세요.

① 슬픔에 빠진 친구를 ＿＿＿＿＿＿ 주었다.

[ ] 위로해   [ ] 달래   [ ] 어루만져   [ ] 충고해

② 친한 친구가 전학 간 자리를 보니 기분이 ＿＿＿＿＿해졌다.

[ ] 우울   [ ] 불쾌   [ ] 울적   [ ] 쓸쓸

3 빈칸에 알맞은 단어를 넣어 문장을 완성해 보세요.

① 이순신 장군은 한산도에서 왜군을 크게  | ㅁ | ㅉ | ㄹ | ㄷ | .

② 전쟁에서 승리하려면 좋은 전략을 | ㅅ | ㅇ | ㅇ | 한다.

1 다음 중 빈칸에 '일정'을 쓸 수 없는 문장을 고르세요.

① 오늘의 첫 번째 ＿＿＿＿＿은 점심 식사입니다.

② 수학여행 ＿＿＿＿＿표를 보니 가슴이 두근거렸다.

③ 기상 악화로 야구 경기 ＿＿＿＿＿이 중단되었다.

④ 오늘의 저녁 메뉴는 ＿＿＿＿＿이다.

2 밑줄 친 단어의 뜻을 [보기]에서 찾아 기호를 써 보세요.

> 보기
> ㉠ 맵시를 내거나 고르게 손질하여 매만지다
> ㉡ 글 따위를 매끄럽고 짜임새 있게 고치다

① 쓴 글을 다시 한번 읽고 **다듬어** 보자. ☐

② 환희는 미용실에 가서 머리를 **다듬었다.** ☐

3 밑줄 친 단어의 뜻에 맞는 말을 골라 ○표 하세요.

① 광화문에는 이순신 장군을 **기리는** 동상이 있다.

➡ 뛰어난 업적이나 위대한 사람을 (칭찬하고 기억하는 / 헐뜯고 용서를 비는)

② 군인은 전쟁에서 자기 능력을 **발휘**해야 한다.

➡ 재능, 능력 따위를 (떨치어 나타냄 / 감추어 보이지 않게 함)

[1~3] 다음 글을 읽고, 질문에 답하세요.

이순신 장군은 우리나라 역사에서 손꼽히는 인물이며 우리나라뿐만 아니라 전 세계인들에게도 존경받는 장군이다. 이순신 장군의 3대 대첩은 한산도 대첩, 명량 대첩, 노량 대첩이다. 장군은 일생을 나라를 위해 헌신했고, 나라에 대한 자부심이 대단했다. 나라를 위해 매일 정해진 일정에 따라 생활했고, 전략을 세워 적군을 무찔렀다. 또한, 불리한 상황에서도 물러서지 않고 기지를 발휘해 승리를 거두었다. 울적한 마음도 스스로 달랬을 이순신 장군을 기리는 동상이 광화문에 세워져 있다. 가서 옷매무새를 다듬고 고개 숙여 감사한 마음을 표현해 보자.

1 윗글의 중심 내용에 맞게 빈칸에 들어갈 알맞은 단어를 써 보세요.

이순신 장군의 업적과 우리나라에 대한 | ㅈ | ㅂ | ㅅ |

2 윗글에 관련된 다음의 뜻을 지닌 사자성어를 고르세요.

이순신 장군처럼 싸움에 임하여 물러섬이 없는 정신

① 인산인해   ② 임전무퇴
③ 삼십육계   ④ 남녀노소

3 윗글에 관련된 대화의 흐름상 빈칸에 알맞은 표현을 고르세요.

현지 이순신 장군이 왜군의 _____ 했다며?
종석 맞아! 그만큼 대단한 인물이었지.

① 귀를 얇게   ② 선심을 쓰게
③ 간담을 서늘하게   ④ 옆구리를 찌르게

공책 정리하는 법!

공책 정리를 하는 이유는 여러분들이 배운 내용을 오랫동안 기억하기 위해서예요. 따라서 공책 정리만 잘해도 당연히 어휘 실력과 문해력, 더 나아가 성적도 향상될 수 있죠. 처음에는 서툴고 어려울 수도 있지만 틈틈이 하다 보면 어느새 공책 정리가 재미있고 친숙해질 수 있다고 확신합니다.

우선, 아래 표를 보세요. 과목과 쪽수, 학습 목표를 맨 위에 쓰고, 왼쪽 칸에는 중요 단어를 적어 보세요. 오른쪽에는 단어들 위주의 간단히 쓰기로 핵심 내용을 써 보세요. 교과서를 보면 친절하게 큰 글씨로 쓰여 있는 경우가 많은데요, 이런 교과서의 문장을 그대로 쓰기보다는 요약하거나 화살표, 동그라미 등을 활용해 정리해 보세요. 마지막으로 더 알아보기에서는 배운 내용에 대한 1줄 요약과 더 알아보고 싶은 내용, 궁금증, 느낀 점 등을 마인드맵이나 일기, 그림 등 다양한 방식으로 표현하면 됩니다.

과목+쪽수	학습 목표 ⇨ 교과서 차시별 첫 페이지 제일 큰 글씨
중요 단어	핵심 내용 ⇨ 굵은 글씨를 요약해서 쓰기
중요 단어	핵심 내용 ⇨ 한 문장 이내로 간단히(그대로 옮겨 적지 않기)
중요 단어	핵심 내용 ⇨ 표현 방식은 자유롭게(화살표, 동그라미 등)
더 알아보기	· 한 줄로 요약해서 쓰기 · 더 알아보고 싶은 내용과 궁금증 · 느낀점 ⇨ 마인드맵, 일기 등 다양한 방법으로 쓰기

16

할아버지의 새로운 일

통행

퇴직

심의

근절

정화

불법

오물거리다

처리

기피

손길

어휘와 만나기

✏️ 새롭게 알게 된 단어에 표시해 보세요.

심의

심사하고 토의함

학생 회의에서 중요한 안건들이 현재 심의 중이에요.

근절

다시 살아날 수 없도록 뿌리째 없애 버림

지구를 지키기 위해 환경 오염 행위는 근절해야 해요.

퇴직

현직에서 물러남

할아버지는 1년 뒤 퇴직할 예정이에요.

정화

불순하거나 더러운 것을 깨끗하게 함

마을 어른들이 하천의 수질 정화를 위해 힘쓰고 계세요.

통행

일정한 장소를 지나다님

탄천의 악취로 사람들이 통행하지 않아요.

오물거리다

음식물을 입 안에 넣고 조금씩 자꾸 씹다

행인이 내 옆에 오물거리던 껌을 뱉었어요.

처리

사건 등을 절차에 따라 정리하여 마무리를 지음

이번 일은 단계에 맞게 잘 처리되었어요.

기피

꺼리거나 싫어하여 피함

그 직업은 기피 1순위에서 선호 1순위로 바꼈어요.

불법

법에 어긋남

쓰레기를 불법 투기하는 사람이 많아요.

손길

도와주거나 해치는 일을 비유적으로 이르는 말

쓰레기를 줍는 손길이 모여 마을이 깨끗해졌죠.

✔️ 빈칸에 들어갈 단어로 알맞은 것을 찾아 연결해 보세요.

① 환경 ☐☐ 시설에 체험 학습을 갔다.   •   •   정화

② 할아버지는 63세에 정년 ☐☐ 을 하셨다.   •   •   불법

③ 급한 일이라 빨리 ☐☐ 해 주세요.   •   •   퇴직

④ 학교 앞은 ☐☐ 주정차 구역이다.   •   •   처리

1 뜻에 알맞은 단어를 찾아 선으로 연결하고 빈칸에 써 보세요.

손	변	기	술	통
귀	심	의	타	행
발	사	경	수	백
목	토	비	영	태
손	길	쉬	모	형

① [   ] [   ] : 심사하고 토의함

② [   ] [   ] : 일정한 장소를 지나다님

③ [   ] [   ] : 도와주거나 해치는 일을 비유적으로 이르는 말

2 문장이 완성되도록 괄호 안에서 알맞은 단어를 고르세요.

① 할아버지는 모두가 (기피 / 기념)하고 싫어하는 일에 선뜻 나섰다.

② 우리 마을 (정면 / 정화) 활동에 모두 참여합시다.

③ 쓰레기 무단 투기 (근절 / 근면) 캠페인이 시작되었다.

3 밑줄 친 단어와 바꾸어 쓸 수 <u>없는</u> 것을 골라 ○표 하세요.

지난번 요청한 사항이 언제 **처리**될 예정인가요?

➡ 조치 / 해결 / 극복

1 다음 설명에 알맞은 단어를 고르세요.

> • '사직', '은퇴'와 뜻이 비슷해요.
>
> • 이것을 하고 나서 새로운 사업을 시작하거나 재취업하기도 해요.
>
> • 이것을 할 때 특별한 행사를 하는 경우도 있어요.

① 퇴직   ② 현직   ③ 퇴근   ④ 이직

2 밑줄 친 단어의 뜻을 [보기]에서 찾아 기호를 써 보세요.

> 보기
> ㉠ 음식물을 입 안에 넣고 조금씩 자꾸 씹다
> ㉡ 말을 시원스럽게 하지 않고 입 안에서 중얼거리다

① 아이는 밥 한 숟가락을 2분째 **오물거리며** 삼키지 않았다. ☐

② 발표할 때는 **오물거리지** 않고 큰소리로 또박또박 말합니다. ☐

③ 수업 시간에는 껌을 **오물거리면** 안 됩니다. ☐

3 밑줄 친 부분과 바꾸어 쓸 수 있는 말을 [보기]에서 찾아 문장을 다시 써 보세요.

> 보기
> 합법, 위법, 불만, 불편

> 마을의 쓰레기 소각장에서 폐수를 배출하는 **불법** 행위를 저질렀다.
>
> ➡

[1~2] 다음 글을 읽고, 질문에 답하세요.

> 할아버지는 퇴직 후 깨끗한 마을을 만들기 위해 환경 정화 운동을 시작하셨다. 처음에는 경로당 어르신들 몇 분만 동참하셨지만 어느덧 주변의 손길이 모여 참여 인원이 20명이 넘었다. 마을에 흐르는 하천 주변에는 통행하기 불편할 정도로 쓰레기가 쌓여 있다. 마을 하천을 기피 장소가 아닌 선호 장소로 바꾸기 위해 회의를 했다. 그 결과 쓰레기 불법 투기를 근절하기 위한 캠페인과 CCTV 설치를 시에 요청하기로 했다. 다음 날 마을 어른들이 시청에 가서 정식으로 요청하였고, 절차에 따라 다음 주 심의 결과에 맞춰 처리하겠다는 답변을 받았다. 할아버지는 지금 하는 일이 돈을 받는 직업은 아니지만 보람을 얻는 새로운 일이라며 좋아하셨다. <u>나도 할아버지를 보고 배워 마을을 위해 작지만 보람된 일을 하는 멋진 사람이 되어야겠다는 생각이 들었다.</u>

1 윗글을 읽고 할아버지에 관해 알게 된 내용으로 알맞은 것을 고르세요.

① 할아버지는 총 3곳의 직장에서 일하셨다.
② 할아버지는 새로 시작한 일에 만족하신다.
③ 할아버지는 하천 주변 산책하는 것을 좋아하신다.
④ 할아버지의 요구대로 CCTV가 설치되었다.
⑤ 할아버지는 돈을 받는 새로운 직업을 구했다.

2 윗글의 밑줄 친 부분과 관련된 속담을 고르세요.

① 핑계 없는 무덤 없다
② 윗물이 맑아야 아랫물이 맑다
③ 하룻강아지 범 무서운 줄 모른다
④ 한 귀로 듣고 한 귀로 흘린다

3 서로 비슷한 뜻을 지닌 단어끼리 묶인 것을 고르세요.

> ㉠ 심의 – 심증
> ㉡ 정화 – 순화
> ㉢ 손길 – 손님
> ㉣ 기피 – 외면

① ㉠, ㉢
② ㉠, ㉣
③ ㉡, ㉢
④ ㉡, ㉣
⑤ ㉢, ㉣

가로세로 낱말 퀴즈 '수'가 들어가는 낱말

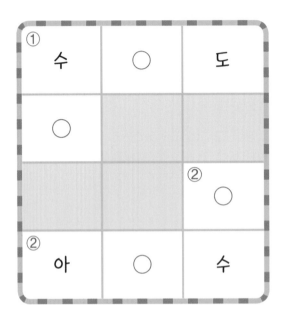

가로 →

① 사냥하는 모습을 그린 그림

예 수○도를 보니 고구려인의 기상이 느껴진다.

② 한강의 옛 이름

예 고구려 시대에는 한강을 아○수로 불렀다.

세로 ↓

① 고장 나거나 허름한 데를 손보아 고침

예 아버지가 내 자전거를 수○해 주셨다.

② 기술이나 지식 따위를 전하여 받음

예 할머니가 맛있는 찌개 끓이는 비법을 ○수해 주셨다.

17

장점 이어서 말하기

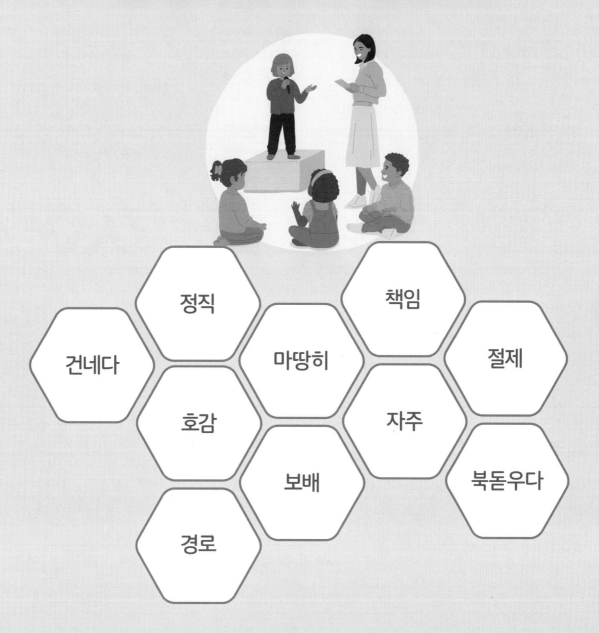

정직

책임

건네다

마땅히

절제

호감

자주

보배

북돋우다

경로

✏️ 새롭게 알게 된 단어에 표시해 보세요.

정직

마음에 거짓이나 꾸밈이 없이 바르고 곧음

철수는 거짓말을 하지 않고 정직해요.

책임

맡아서 해야 할 임무나 의무

각자가 1인 1역을 책임감 있게 수행하자.

마땅히

그렇게 하거나 되는 것이 이치로 보아 옳게

학생으로서 마땅히 해야 할 일들이 있어요.

절제

정도에 넘지 않도록 알맞게 조절하여 제한함

우리 누나는 음식을 먹을 만큼만 절제해서 먹어요.

건네다

남에게 말을 붙이다

지은이가 전학 온 친구에게 말을 건네요.

경로

노인을 공경함

현수는 경로 정신을 발휘해 어르신을 잘 도와요.

자주

남의 보호나 간섭을 받지 않고 자기 일을 스스로 처리함

공부를 혼자 자주적으로 하는 것이 중요해요.

북돋우다

기운이나 정신 등을 더욱 높여 주다

영희는 큰 소리로 친구들의 사기를 북돋아 줘요.

호감

좋게 여기는 감정

사람들의 밝은 표정은 호감을 느끼게 하죠.

보배

아주 귀하고 소중한 사람이나 물건

나는 우리 가족의 소중한 보배예요.

✔️ 단어의 뜻을 보고, 문장에 알맞은 말을 써 보세요.

뜻

문장

① 아주 귀하고 소중한 사람이나 물건 ➡️ 어린이는 나라의 | ㅂ | ㅂ |이다.

② 좋게 여기는 감정 ➡️ 영우가 호준이에게 막대 사탕을 주며 | ㅎ | ㄱ |을 표현했다.

③ 정도에 넘지 않도록 알맞게 조절 하여 제한함 ➡️ 음식을 | ㅈ | ㅈ |하면 몸무게가 줄어든다.

④ 그렇게 하거나 되는 것이 이치로 보아 옳게 ➡️ 죄를 지으면 | ㅁ | ㄸ | ㅎ |벌을 받아야 한다.

1 빈칸에 공통으로 들어갈 한 글자를 써 보세요.

- 어르신을 위한 ☐ 로 잔치가 열렸다.

- 나는 우리 부모님을 존 ☐ 한다.

- 경기 시작 전에 국기에 대하여 ☐ 례를 하고 애국가를 불렀다.

2 대화의 빈칸에 들어갈 알맞은 단어를 써 보세요.

철수 매일 그렇게 야식을 먹어서 살이 찐 게 아닐까? 음식을 ☐ㅈ ☐ㅈ 하는 게 어때?

영희 꼭 그래야 해?

철수 야식을 안 먹으면 살이 빠질 거야. 내가 ☐ㅊ ☐ㅇ 지고 말할 수 있어.

영희 그래. 앞으로 아침은 꼭 먹고 야식은 안 먹을게.

3 다음 표에 있는 단어의 비슷한 말과 반대말을 [보기]에서 찾아 써 보세요.

보기		악감정, 거짓, 진실, 마음	

	비슷한 말	반대말
정직		
호감		

1 밑줄 친 단어와 바꾸어 쓸 수 있는 것을 고르세요.

철수의 행동은 **마땅히** 칭찬받을 만하다.

① 자세히 ② 적당히 ③ 어지간히 ④ 우연히 ⑤ 당연히

2 대화의 밑줄 친 단어의 뜻으로 알맞은 것을 괄호에서 골라 ○표 하세요.

현수 아빠, **자주**적인 사람은 스스로 계획표를 세울 수 있대요.

아빠 그럼 이번에는 현수가 여름 방학 계획을 세워 볼까?

➡ 남의 (보호나 간섭을 받지 않고 / 보호나 간섭을 받으며) 자기 일을 스스로 처리함

3 다음 중 [보기]의 단어를 사용해 만들 수 <u>없는</u> 문장을 고르세요.

보기	건네다, 북돋우다

① 친해지고 싶은 친구에게 말을 [   ].

② 부모님께 준비한 생신 선물을 [   ].

③ 돌다리를 밟으며 냇가를 [   ].

④ 연패에 빠진 축구팀의 사기를 [   ].

[1~3] 다음 대화를 읽고, 질문에 답하세요.

> **선생님** 오늘은 친구들의 장점을 줄줄이 말해 보는 장점 이어서 말하기 시간입니다. 우선, 철수의 장점부터 자리에 앉은 순서대로 말해 볼까요? 학생으로서 마땅히 해야 할 일이어도 좋아요.
>
> **학생 1** 저는 철수가 회장으로서 책임을 다하고, 자주적으로 공부하는 모습을 많이 봤어요.
>
> **학생 2** 항상 밝은 미소로 친구들에게 호감을 사요.
>
> **학생 3** 무거운 짐을 든 어르신을 도와주는 모습을 보며 경로 정신이 있다는 생각이 들었어요.
>
> **학생 4** 거짓말을 하지 않는 정직한 모습과 전학 온 친구들에게 친절하게 먼저 말을 건네는 모습을 보며 우리 반의 보배라고 생각했어요.
>
> **학생 5** 수업 시간에 떠들고 싶은 마음을 절제하고 수업에 적극적으로 참여하며, 교실에 활력을 북돋아 줘요.
>
> **선생님** 모두 잘 발표했어요. 이번에는 철수가 친구들의 얘기를 듣고 느낀 점을 말해 볼래요?

1 위 대화의 내용과 일치하는 것을 고르세요.

① 장점 말하기 시간에는 단점을 발표해도 된다.　② 철수는 스스로 공부를 열심히 한다.

③ 철수는 평소에 낯을 많이 가리는 편이다.　④ 철수는 수업 시간에 종종 떠들어 주의를 받는다.

2 위 대화에 이어지는 다음 상황에 알맞은 표현을 골라 ∨표 하세요.

> 화기애애한 분위기 속에 철수가 발표하던 도중 영호가 갑자기 철수의 단점을 말하기 시작했다. 선생님과 친구들은 모두 난처해했다.

① 영호가 교실 분위기에 찬물을 끼얹었다. ☐　② 영호가 수업 시간에 바가지를 썼다. ☐

③ 영호는 입이 무거운 편이다. ☐

3 다음 상황에 사용할 수 있는 표현이나 속담을 고르세요.

> 이야기를 듣고 있던 광수는 영호에게 말했다. "너는 철수보다 단점이 훨씬 더 많잖아. 지각하기, 떠들기, 욕하기. 그렇지 않아?"

① 간에 기별도 안 간다　　　　　　　　② 싼 것이 비지떡이다

③ 고래 싸움에 새우 등 터진다　　　　　④ 가랑잎이 솔잎더러 바스락거린다고 한다

오늘의 사자성어

새 옹 지 마

塞 翁 之 馬

변방 새   늙은이 옹   갈 지   말 마

새옹지마는 '변방에 사는 노인의 말'이라는 뜻이에요. 옛날에 한 노인이 기르던 말이 국경을 넘어 다른 나라로 도망을 갔어요. 이웃 주민들은 위로의 말을 전했죠. 하지만 노인은 "이 일이 오히려 좋은 일이 될 수도 있어요."라고 말했어요. 얼마 후, 노인의 말이 돌아왔는데 다른 말 한 마리와 함께였어요. 이웃 주민들은 "어르신의 말대로 좋은 일이 되었네요. 축하드려요."라고 했죠. 노인은 이때도 "이 일이 오히려 나쁜 일로 변할 수도 있어요."라고 말했답니다. 며칠 후, 안타깝게도 노인의 아들이 말에서 떨어져 다리가 부러지고 말았어요. 마을 사람들은 노인을 위로했지만, 노인은 "오히려 좋은 일이 될지도 모르죠."라고 대답했답니다. 그리고 얼마 후 그 나라에 적군이 쳐들어왔어요. 모든 젊은이는 전쟁에 참여해야 했지만 노인의 아들은 다리 부상으로 나가지 않았다고 해요.

이처럼 새옹지마는 '좋은 일과 나쁜 일은 쉽게 예측할 수 없다'는 뜻이에요. 좋은 일이 있다가도 안 좋은 일이 생길 수 있다는 뜻이죠. 여러분들에게는 항상 좋은 일만 가득하면 좋겠지만, 종종 그렇지 않을 때도 있을 겁니다. 친구들과의 다툼도 있고, 사고 싶은 물건을 가질 수 없고, 공부도 많이 해야 하는 상황들, 때로는 조금 아플 때도 있죠. 인생은 새옹지마라고 생각하며 지금 조금 힘들고 하기 싫더라도, 곧 생겨날 좋은 일을 생각하며 긍정적으로 생활하면 좋겠어요.

18

행복한 교실을 만들어요

깨우치다

저지르다

튕기다

굳건히

소감

즉흥

내면

제시

더불다

잗다

어휘와 만나기

새롭게 알게 된 단어에 표시해 보세요.

깨우치다
깨달아 알게 하다
수업을 듣고 내 잘못을 깨우치게 됐어요.

굳건히
뜻이나 의지가 굳세고 건실하게
지웅이는 쉬는 시간에도 자리를 굳건히 지켜요.

더불다
둘 이상의 사람이 함께하다
서아는 친구들과 더불어 모둠 활동을 해요.

저지르다
죄를 짓거나 잘못이 생겨나게 행동하다
어제 내가 친구에게 큰 잘못을 저질렀어요.

잘다
알곡, 모래 따위의 둥근 물건이나 글씨 등의 크기가 작다
우리는 초콜릿을 잘게 부숴서 나누어 먹어요.

튕기다
다른 사람의 요구나 의견을 거절하다
소영이는 자기가 들어줄 수 있는 부탁은 튕기지 않아요.

제시
어떠한 의사를 말이나 글로 나타내어 보임
민철이가 멋진 해결책을 제시했어요.

소감
마음에 느낀 바
오늘의 소감을 다섯 글자로 발표해 보세요.

내면
밖으로 드러나지 않는 사람의 속마음
내면의 아름다움을 가꾸어 봐요.

즉흥
그 자리에서 바로 일어나는 감흥
즉흥적으로 생각해 본 방법이 있어요.

✓ 단어와 뜻이 올바르게 연결될 수 있도록 중간에 선을 그어 사다리를 만들어 보세요.

더불다	굳건히	즉흥	제시
뜻이나 의지가 굳세고 건실하게	그 자리에서 바로 일어나는 감흥	어떠한 의사를 말이나 글로 나타내어 보임	둘 이상의 사람이 함께하다

1 다음 상황에 관련된 단어를 [보기]에서 찾아 써 보세요.

> 보기 　　　　　깨우치다, 잘다, 저지르다

① 진영이는 부모님이 아끼던 도자기를 깨뜨렸다.　　□

② 형이 수학 문제를 계속 설명해 줘서 이해할 수 있게 되었다.　　□

③ 볶음밥에 들어가는 채소는 여러 번 다져야 한다.　　□

2 빈칸에 공통으로 들어갈 한 글자를 써 보세요.

- □ 면의 아름다움도 중요한 미덕이다.

- 책의 □ 용을 요약해 발표해 보세요.

- 실 □ 온도를 24도로 맞춥니다.

3 밑줄 친 단어의 뜻을 [보기]에서 찾아 기호를 써 보세요.

> 보기
> ㉠ 다른 사람의 요구나 의견을 거절하다
> ㉡ 다른 물체에 부딪치거나 힘을 받아서 튀어나오다
> ㉢ 기타, 하프 따위의 현을 당겼다 놓아 소리가 나게 하다

① 그만 **튕기고** 내 부탁을 좀 들어줄래?　　□

② 현수가 새로 산 기타 줄을 **튕겼다.**　　□

③ 공이 골대를 맞고 **튕겨** 나왔다.　　□

1 밑줄 친 단어와 바꾸어 쓸 수 <u>없는</u> 것을 골라 ○표 하세요.

오늘 활동 후 **소감**을 지윤이가 발표해 볼까요?

➡ 느낌 / 생각 / 소견 / 소식

2 대화의 빈칸에 공통으로 들어갈 단어를 찾아 V표 하세요.

선생님 회의를 시작하겠습니다. _____된 안건들에 대한 생각을 발표해 볼까요?

서아 선생님 제가 의견을 하나 _____해도 될까요?

선생님 네. 큰 소리로 발표해 보세요.

☐ 제공　　☐ 제시　　☐ 제휴　　☐ 제보

3 빈칸에 들어갈 단어가 올바르게 짝지어진 것을 고르세요.

• 학교는 친구들과 ____㉠____ 생활하는 곳이다.

• 수업 시작 전 공부 의지를 ____㉡____ 다져 봅시다.

• 현주는 악보도 보지 않고 ____㉢____으로 피아노 연주를 시작했다.

	㉠	㉡	㉢
①	더욱더	공연히	부흥
②	더불어	굳건히	즉흥
③	더욱더	굳건히	부흥
④	더욱더	굳건히	즉흥
⑤	더불어	공연히	부흥

[1~3] 다음 글을 읽고, 질문에 답하세요.

> 학급 회의 시간에 친구들과 함께 행복한 교실을 만들기 위한 다양한 방법을 제시해 보았다. 교실은 친구들과 더불어 생활하는 곳이다. 친구에게 잘못을 저지를 수도 있고, 친구의 부탁을 무심하게 튕길 수도 있다. 하지만 반대로 초콜릿 하나도 잘게 부수어 나누어 먹고 친구의 어려움을 돕는다면 행복한 교실을 만들 수 있다는 의견이 있었다. 친구들과 어울리지 못해 자기 자리만 굳건히 지키는 친구에게 말을 건네며 친구들과 자연스럽게 대화하도록 분위기를 만드는 게 좋겠다는 의견도 있었다. 나는 친구들 사이에 문제가 있을 때는 대화를 통해 자기 잘못을 스스로 깨우치고 내면을 들여다보는 시간을 가지면 좋겠다고 말했다. 오늘의 소감을 5글자로 말해 보자고 했더니 소연이가 '우리의 행복'이라고 즉흥적으로 표현했다. '행복한 교실', '작은 큰 행복' 등 감명 깊은 표현들이 많았다. 교실에 게시하고 함께 보며 좀 더 행복한 교실을 만들기 위해 다 함께 노력하자고 다짐했다.

1 아래에서 설명하는 단어를 윗글에서 찾아 써 보세요.

> - '사람의 속 마음' 뿐만 아니라 '물건의 안쪽'이라는 뜻도 있어요.
> - 반대말로 '외면'이 있어요.

☐ ☐

2 윗글의 내용과 일치하도록 할 때 밑줄 친 표현이 알맞지 <u>않은</u> 것을 골라 ∨표 하세요.

① 모두 노력하면 **깨가 쏟아지는** 교실이 될 거라 확신해. ☐

② 친구들끼리 서로 돕는 모습을 보면 **머리털이 곤두설 거야.** ☐

3 윗글에 관련된 대화의 빈칸에 공통으로 들어갈 말에 ∨표 하세요.

> **현서** 친구들을 괴롭히는 행동은 자기 얼굴에 누워서 _____ 뱉기야.
>
> **한별** 맞아. 거짓말을 자주 하는 친구들은 입술에 _____ 이나 바르고 그랬으면 좋겠어.
>
> **현서** 오늘부터 우리 반 친구들은 서로 배려하여 경청하며 지내자.

☐ 침　　　　☐ 껌　　　　☐ 사탕　　　　☐ 꿀

교과서를 읽는 5단계 방법

여러분은 집에서 혼자 교과서를 공부해 본 적 있나요? 교과서는 친구들의 발달 수준에 맞는 어휘로 구성되어 문해력을 기르는 데 큰 도움을 주죠. 동화책은 한두 번 읽으면 이해가 되지만 교과서는 여러 번 읽어도 이해가 되지 않을 때가 많아요. 열심히 공부하지 않는다면 읽고 이해하는 것이 꽤나 어렵죠. 학교에서 보는 평가도 모두 교과서에서 출제된다고 하니 좀 더 꼼꼼히 읽어 보면 좋겠네요. 다음 5단계로 교과서를 꾸준히 읽어 보면 여러분의 문해력 향상에 큰 도움이 될 거예요.

1단계: 훑어보기

교과서의 단원명과 차례, 학습 목표만 쭉 훑어보며 내용을 예측해 보세요. 교과서에 쓰여 있는 큰 글씨 또는 검은색이 아닌 색 글씨만 쭉 눈으로 보세요. 자세히 읽지 않아도 됩니다.

2단계: 살펴보기

교과서의 그림과 사진, 캐릭터, 실험 도구 등 글씨를 제외한 모든 내용을 읽어 보세요.

3단계: 읽어보기

교과서 글자들을 빠른 속도로 한 번 읽어 보세요. 모르는 단어나 내용이 나와도 괜찮아요. 읽어 보는 게 중요한 단계입니다. 한 단원을 5분에서 10분 내로 읽어 보세요.

4단계: 밑줄긋기

한 번 읽어 본 내용을 토대로 반복되는 내용, 이해되지 않는 내용이나 단어에 밑줄을 그어 보세요. 그리고 다시 한번 밑줄 그은 내용만 읽어 봅니다. 여전히 이해가 안 된다면 형광펜으로 표시하고 공부해 보세요.

5단계: 표현하기

마지막 단계인 표현하기예요. 읽은 내용 중 중요한 내용, 기억에 남는 내용을 그림이나 글, 생각 그물 등 다양한 방식으로 표현해 보세요.

19

마을에서 공룡알이 발견됐다!

자국

복원

자연사

층층이

밝혀내다

소문

묻다

오목

둘러싸다

퇴적

✏️ 새롭게 알게 된 단어에 표시해 보세요.

자국

발로 밟은 자리에 남은 모양

우리 마을에서 공룡의 알과 발자국이 발견됐어요.

복원

원래대로 회복함

과학자들은 공룡알을 복원시키려고 애쓰고 있어요.

묻다

물건을 흙이나 다른 물건 속에 넣어 보이지 않게 쌓아 덮다

친구들은 공룡알을 재빨리 흙으로 묻었어요.

밝혀내다

진리, 가치, 옳고 그름 따위를 판단하여 드러내다

선생님이 공룡알의 비밀을 밝혀냈어요.

층층이

여러 층으로 겹겹이 쌓인 모양

층층이 쌓인 암석에서 공룡의 발자국을 볼 수 있었어요.

소문

사람들 입에 오르내려 전하여 들리는 말

우리 학교에 공룡알에 관한 소문이 돌았어요.

자연사

인류가 나타나기 이전의 자연계 발전의 역사

자연사 박물관에서 공룡 뼈를 볼 수 있어요.

둘러싸다

둥글게 에워싸다

마을 사람들이 공룡알을 둘러쌌어요.

퇴적

암석의 파편·생물의 주검을 태우고 남은 뼈 등이 일정한 곳에 쌓이는 일

보통 퇴적암에서 공룡의 흔적이 발견돼요.

오목

가운데가 동그스름하게 폭 패거나 들어가 있는 모양

고고학자들은 오목한 도구로 주변의 흙을 퍼내요.

✅ 그림을 보고 [보기]에서 알맞은 단어를 골라 빈칸에 써 보세요.

보기　　자국, 둘러싸다, 밝혀내다, 묻다

① ------------------------

② ------------------------

③ ------------------------

④ ------------------------

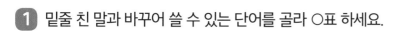

1 밑줄 친 말과 바꾸어 쓸 수 있는 단어를 골라 ○표 하세요.

> 무너진 건설 현장을
> **복원**하기 위한 작업이 한창이다.
> ·······································
> 건너 마을에 댐이 새로 만들어질 거라는
> **소문**이 자자했다.

복구

복지

복사

풍문

정문

주문

2 빈칸에 알맞은 단어를 골라 ∨표 하세요.

① 이번 사건의 범인은 이웃 주민으로 _____.

[ ] 밝혀졌다　　　[ ] 밝아졌다　　　[ ] 환해졌다　　　[ ] 편해졌다

② 철수는 다른 친구들에게 _____ 생일 축하를 받았다.

[ ] 둘러보며　　　[ ] 반성하며　　　[ ] 둘러싸여　　　[ ] 순시하며

3 빈칸에 알맞은 단어를 넣어 문장을 완성해 보세요.

① 블록을 크기별로 [ㅊ][ㅊ][ㅇ] 쌓아 올렸다.

② 지구상에 있는 대부분의 암석은 [ㅌ][ㅈ] 암이다.

어휘 공부하기

1 다음 중 빈칸에 '자국'을 쓸 수 <u>없는</u> 문장을 고르세요.

① 이 상처는 5살 때 수술 받았던 ＿＿＿＿＿＿이다.

② 눈 위를 걸으면 발＿＿＿＿＿이 남는다.

③ 광수는 우리 반 회장이 될 ＿＿＿＿＿이 충분하다.

④ 모든 국가는 ＿＿＿＿＿민의 안전을 최우선으로 생각한다.

2 밑줄 친 단어의 뜻을 [보기]에서 찾아 기호를 써 보세요.

> **보기**
> ㉠ 흙이나 다른 물건 속에 넣어 보이지 않게 쌓아 덮다
> ㉡ 가루, 풀, 물 등이 다른 물체에 들러붙거나 흔적이 남게 되다
> ㉢ 무엇을 알아내기 위해 대답을 요구하는 내용으로 말하다

① 옷에 수채화 물감이 **묻었다**. ☐

② 선생님께 모르는 내용을 **묻자**. ☐

③ 앵두 씨앗을 흙 속에 **묻었다**. ☐

3 밑줄 친 단어의 뜻에 맞는 말을 골라 ○표 하세요.

① 어제 우리는 **자연사** 박물관에 체험 학습을 갔다.
➡ (나이가 들어 자연히 죽음 / 인류가 나타나기 이전의 자연계 발전의 역사)

② 동원이는 **오목**하게 파인 구멍에 물을 넣었다.
➡ (가장자리가 / 가운데가) 동그스름하게 폭 패거나 들어가 있는 모양

[1~2] 다음 글을 읽고, 질문에 답하세요.

> 　체험 학습으로 자연사 박물관에 다녀온 다음 날, 우리 학교에 공룡알에 대한 소문이 돌았다. 마을 뒷산에서 공룡알이 발견되었다는 이야기였다. 학교가 끝나고 소문의 비밀을 밝혀내기 위해 뒷산에 가보니 <u>수많은 마을 사람들이 공룡알을 둘러싸고 있었다.</u> 장난꾸러기 몇 명이 알을 만지려고 하자 우리 반 친구들이 알을 얼른 흙 속에 묻으려고 했다. 공룡이 깨어날 것에 대비해 무기를 들고 온 친구도 있었다. 함께 도착한 선생님께서 웃으시며 오목한 도구로 알 주변의 흙을 퍼내며 그 공룡알은 3년 전에 묻은 타임캡슐이라고 하셨다. 과학자들이 공룡알을 복원하기 위해 노력 중이지만 실제로는 어렵다고 하셨다. 또, 우리나라에는 층층이 쌓여 만들어진 퇴적암이 많아서 공룡의 발자국이 발견되기도 한다고 설명해 주셨다. 공룡에 관해 새롭게 알게 된 신기하고 두근거리는 하루였다.

1 윗글의 중심 내용에 맞게 빈칸에 들어갈 알맞은 단어를 써 보세요.

우리 마을에서 발견된 공룡알의 비밀 | ㅂ | ㅎ |내기

2 윗글의 밑줄 친 부분에 알맞은 사자성어를 고르세요.

① 반신반의　　　　　　　　② 다사다난

③ 인산인해　　　　　　　　④ 백발백중

3 대화의 흐름상 빈칸에 들어갈 알맞은 표현을 고르세요.

> **의수**　(발을 동동거리며) 공룡알 딱 한 번만 만져 볼래. 못 참겠어.
>
> **홍석**　너무 만지고 싶어서 ＿＿＿＿＿＿＿＿＿＿ 그래도 조금만 기다려 보자.

① 좀이 쑤시는구나.　　　　② 피도 눈물도 없구나.

③ 허파에 바람 들었구나.　　④ 시치미를 떼는구나.

가로세로 낱말 퀴즈   '북'이 들어가는 낱말

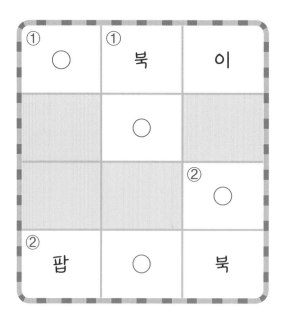

가로 → ① 토끼와 경주를 한 동물

예 토끼와 ○북이의 경주에서 ○북이가 이겼다.

② 책을 펼쳤을 때 그림이 입체적으로 튀어나오는 책

예 나는 재미있는 팝○북을 좋아한다.

세로 ↓ ① 말린 명태

예 엄마가 아침에 북○로 국을 만드셨다.

② 쌓이거나 담긴 물건 등이 불룩하게 많음

예 눈이 많이 내려 마당에 ○북이 쌓였다.

추억의 달고나 만들기

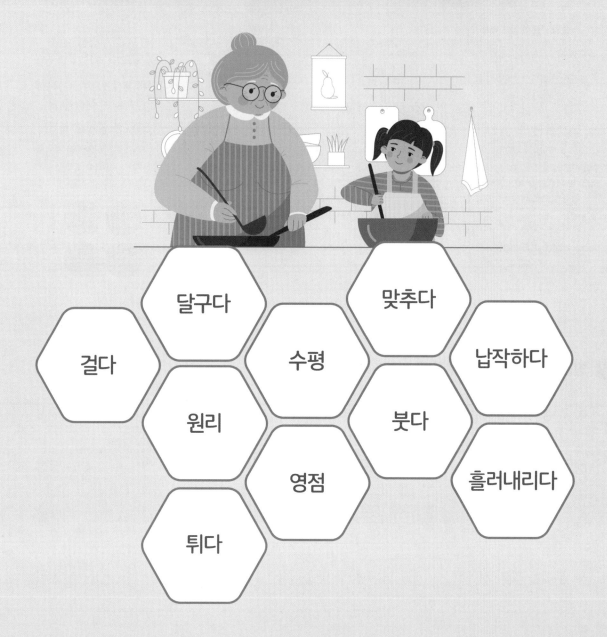

달구다

맞추다

걸다

수평

납작하다

원리

붓다

영점

흘러내리다

튀다

🖊 새롭게 알게 된 단어에 표시해 보세요.

걸다

앞으로의 일에 대한 희망을 품거나 기대하다

우리는 맛있는 음식이 완성될 거라는 기대를 걸었어요.

달구다

쇠나 돌 등을 불에 대어 뜨겁게 하다

먼저 국자를 약한 불로 달구어 주세요.

맞추다

어떤 기준에 틀리거나 어긋남이 없이 조정하다

재료의 양을 정확히 맞추어야 맛있어져요.

납작하다

판판하고 얇으면서 좀 넓다

다 된 것을 그릇에 담아 납작하게 눌러 모양을 만들어요.

원리

사물의 근본이 되는 이치

소다가 설탕과 만나 이산화탄소가 발생하는 원리예요.

영점

값이 없는 수로 '0'으로 표기함

저울이 영점인지 확인한 다음 설탕의 무게를 재요.

수평

기울지 않고 평평한 상태

저울의 수평을 맞춰 주세요.

흘러내리다

물 등이 높은 곳에서 낮은 곳으로 흐르거나 떨어지다

식용 소다를 많이 넣으면 옆으로 흘러내릴 수 있어요.

튀다

힘을 받아 작은 물체나 액체 방울이 위나 옆으로 세게 흩어지다

내용물을 너무 세게 저으면 주변으로 튀어 위험해요.

붓다

액체나 가루 등을 다른 곳에 담다

설탕을 국자에 넘치지 않게 부어 주세요.

✔️ 빈칸에 들어갈 단어로 알맞은 것을 찾아 연결해 보세요.

① 작품이 작동하는 ☐☐(을)를 설명하다. •   • 수평

② 달고나를 ☐☐하게 눌러 주세요. •   • 영점

③ ☐☐(을)를 맞춰 그림을 걸어 주세요. •   • 납작

④ 무게를 재기 전에 ☐☐(을)를 맞춥니다. •   • 원리

1 뜻에 알맞은 단어를 찾아 선으로 연결하고 빈칸에 써 보세요.

흘	림	누	리	다
러	토	끼	맞	독
내	하	림	추	타
리	명	치	다	다
다	솔	튀	다	랄

① [ ] [ ] : 힘을 받아 작은 물체나 액체 방울이 위나 옆으로 세게 흩어지다

② [ ] [ ] [ ] : 어떤 기준에 틀리거나 어긋남이 없이 조정하다

③ [ ] [ ] [ ] [ ] [ ] : 물 등이 높은 곳에서 낮은 곳으로 흐르거나 떨어지다

2 문장이 완성되도록 괄호 안에서 알맞은 단어를 고르세요.

① 자동차의 작동 (원리 / 원래)가 궁금하다.

② 바다와 하늘이 맞닿아 (수집 / 수평)을 이루고 있다.

③ (영점 / 영문)을 맞추지 않으면 무게를 측정할 수 없다.

3 밑줄 친 단어와 바꾸어 쓸 수 없는 것을 골라 ○표 하세요.

달고나를 눌러 **납작**하게 만듭니다.

➡ 풋풋 / 판판 / 평평 / 넓적

1 다음 설명에 알맞은 단어를 고르세요.

> - 뜨거운 불을 사용해 무언가를 뜨겁게 할 때 사용하는 단어예요.
> - '분위기나 감정을 고조하다'라는 뜻도 있어요.
>   예) 응원단의 노래가 올림픽 열기를 더 뜨겁게 _____.
> - 반대말로는 '식히다'가 있어요.

① 달리다   ② 달구다   ③ 닫히다   ④ 다듬다

2 밑줄 친 단어의 뜻을 [보기]에서 찾아 기호를 써 보세요.

> 보기
> ㉠ 앞으로의 일에 대한 희망을 품거나 기대하다
> ㉡ 자물쇠, 문고리를 채우거나 빗장을 지르다
> ㉢ 기계 장치가 작동되도록 하다

① 지혜는 비밀 일기장에 자물쇠를 **걸었다**.   ☐

② 부모님은 이번 시험에서 내 성적이 오를 거라는 기대를 **걸었다**.   ☐

③ 아빠는 자동차에 타서 시동을 **걸었다**.   ☐

3 밑줄 친 부분과 바꾸어 쓸 수 있는 말을 [보기]에서 찾아 문장을 다시 써 보세요.

> 보기   담다, 두다, 놓다, 품다

> 작은 그릇에 있던 물을 큰 그릇에 가득 **붓다**.

➡

[1~2] 다음 글을 읽고, 질문에 답하세요.

> 달고나를 만들려면 국자, 설탕 20g, 식용 소다 1g, 물 4g이 필요하다. 먼저, 저울의 영점을 맞추고 수평 조절을 한다. 저울에 재료를 부어 무게를 확인한 후, 국자를 약한 불로 달군다. 설탕을 먼저 넣어 저으며 녹인 후 식용 소다를 넣는다. 이때 너무 세게 젓거나 소다를 많이 넣으면 튀거나 흘러내릴 수 있으니 조심해야 한다. 내용물이 연한 갈색으로 변하며 부풀어 오른다. 달고나에는 설탕과 소다가 만나 이산화탄소가 발생되는 과학 원리가 숨어 있다. 모두 섞였으면 그릇에 담고 납작하게 눌러 모양을 만들어 준다. 기대를 걸었던 만큼 맛이 없다면 다시 한번 도전해 보자. 만드는 방법을 듣기만 하는 것보다 옆에서 만드는 것을 직접 보거나 손수 해 보면 더 잘 만들 수 있을 것이다.

1 윗글을 읽고 알게 된 내용으로 알맞은 것을 고르세요.

① 달고나는 부모님 몰래 만들어 먹는 게 맛있다.

② 달고나는 새로 산 국자로 만들면 더 맛있다.

③ 설탕과 소다가 만나면 산소가 발생한다.

④ 달고나는 소다를 많이 넣을수록 더 맛있다.

⑤ 달고나 만들 때 소다를 많이 부으면 넘칠 수 있다.

2 윗글의 밑줄 친 부분과 관련된 속담을 고르세요.

① 빈 수레가 요란하다   ② 하나만 알고 둘은 모른다

③ 입에 쓴 약이 병을 고친다   ④ 백 번 듣는 것이 한 번 보는 것만 못하다

3 서로 비슷한 뜻을 지닌 단어끼리 묶인 것을 고르세요.

> ⊙ 맞추다 – 조정하다   ⓒ 튀다 – 날다
> ⓒ 흐르다 – 흘러내리다   ⓔ 원리 – 터전

① ⊙, ⓒ   ② ⊙, ⓔ   ③ ⓒ, ⓒ

④ ⓒ, ⓔ   ⑤ ⓒ, ⓔ

오늘의 사자성어

포 복 절 도

抱	腹	絕	倒
안을 포	배 복	끊을 절	넘어질 도

포복절도는 '웃음을 참으려고 해도 자기도 모르게 배를 안고 넘어져 자지러지게 웃는다'는 뜻이에요. 입을 가리며 다소곳하게 웃거나 너털웃음을 짓거나 방긋 미소를 짓는 웃음과는 달라요.

웃음과 관련된 사자성어를 더 알아볼게요. 손뼉을 치며 크게 웃는 '박장대소(拍掌大笑)', 즐거울 때 한바탕 크게 웃음 짓는 '파안대소(破顔大笑)'를 들어본 적 있나요? 오늘 배울 포복절도보다는 조심스럽게 웃는 모습들이에요.

포복절도와 비슷한 뜻으로 쓰이는 '요절복통(腰折腹痛)'도 있어요. '허리가 끊어질 듯하고 배가 아플 정도로 몹시 웃는다'는 뜻이죠. 우리 친구들은 하루에 몇 번이나 웃으면서 지내나요? 웃음은 면역력을 높여 주고, 몸도 튼튼하게 해 준다고 해요. 웃는 모습은 또한 상대방에게 친근감을 느끼게 해 주기도 하니 웃는 모습을 유지하도록 의식적으로 노력하는 것도 필요할 것 같네요. 가끔 '하하하' 소리 내며 웃어 보세요. 계속 웃으면 실제로 기분이 좋아진다고 해요. 오늘부터 더 많이 웃으며 생활해 봅시다.

정답과 해설

1. 어려운 사람을 도와요

[어휘와 만나기]

① 쇠약   ② 베풀다   ③ 연일   ④ 허름하다

[어휘와 친해지기]

1. 매일, 낡은
   - ▶ 명일: 오늘의 바로 다음 날(내일)

2. ① 따갑게   ② 선약
   - ▶ 숱하다: 아주 많다
   - 따갑다: 눈길이나 충고 따위가 매섭고 날카롭다
   - 선약: 먼저 한 약속

3. ① 베푼다   ② 정책

[어휘 공부하기]

1. ①
   - ▶ ①에는 '안전(安全)'이 적절합니다. 안전의 뜻은 '위험이 생기거나 사고가 날 염려가 없는 상태'입니다.

2. ① ㄴ   ② ㄱ

3. ① 가난하여 옷이 헐어 벗다시피 한
   ② 일이 이루어지도록 책임지거나 보호한다

[어휘 확장하기]

1. 방안, 정책

2. ①
   - ▶ 역지사지(易地思之): 처지를 바꾸어 생각하여 봄
   - 구사일생(九死一生): 죽을 고비를 여러 차례 넘기고 겨우 살아남음
   - 동문서답(東問西答): 질문과는 전혀 상관없는 엉뚱한 대답
   - 선견지명(先見之明): 어떤 일이 일어나기 전 미리 앞을 내다보는 지혜

3. ①
   - ▶ 목이 빠지게 기다리다: 몹시 안타깝게 기다리다
   - 목을 움츠리다: 겁을 먹다
   - 목에 힘주다: 권위나 능력 따위를 뽐내다
   - 목에 걸리다: 마음이 편치 않고 걱정되다

2. 동장군아, 물러서거라!

[어휘와 만나기]

① 우쭐   ② 설득   ③ 쓸모   ④ 호된

[어휘와 친해지기]

1. ① 호되다   ② 돋보이다   ③ 우쭐하다

후	덜	덜	하	우
다	우	돼	호	쭐
호	담	어	찌	하
되	돋	보	이	다
다	쭐	소	되	사

2. ① 이맘때   ② 설득   ③ 뭉근한
   - ▶ 이따금: 얼마쯤씩 있다가 가끔
   - 소득: 일한 결과로 얻은 정신적·물질적 이익

3. 쓸쓸
   - ▶ 쓸쓸: 외롭고 적적함

[어휘 공부하기]

1. ③
   - ▶ 집들이: 이사한 후에 친구나 가족들을 불러 집을 구경시키고 음식을 대접하는 일

2. ① ㄴ   ② ㄴ   ③ ㄱ

3. 철수는 영희의 상처 주는 말 때문에 삐쳤다.
   - ▶ 솔깃하다: 그럴듯해 보여 마음이 쏠리는 데가 있다

[어휘 확장하기]

1. ②
   - ▶ 세 번째 문장에서 돋보이는 것을 좋아하는 철수는 겨울에도 얇은 옷을 입고 우쭐해 한다고 나와 있어요.

2. ①
   - ▶ 종로에서 뺨 맞고 한강에서 눈 흘긴다: 화가 난 것을 애매한 다른 데로 옮겨서 푼다

빈대 잡으려고 초가삼간 다 태운다: 당장의 마음에 들지 않는 것을 없애려고, 발생할 더 큰 위험은 생각하지 못한다

가는 말이 고와야 오는 말이 곱다: 남에게 말이나 행동을 좋게 하여야 좋은 반응이 돌아온다

못된 송아지 엉덩이에 뿔이 난다: 돼먹지 못한 사람이 더욱 엇나간다

3. ④

▶ 샅샅이: 빈틈없이 모조리

설전: 말로 옳고 그름을 가리는 다툼

[어휘와 만나기]

① 인상   ② 배치   ③ 대비   ④ 안정

[어휘와 친해지기]

1. 배

   ▶ 배식: 군대나 단체 같은 데서 식사를 나누어 줌

2. 구도, 생동감

3.

	비슷한 말	반대말
우아	고상	추함
안정	평온	불안

[어휘 공부하기]

1. ②

   ▶ 소담: 음식이 풍족하여 먹음직스러움

   소탈: 예절이나 형식에 얽매이지 않고 털털함

2. 얄밉게, 놀리다

3. ④

   ▶ ④에는 '대상'을 쓰는 것이 적절합니다.

   ①에는 '인상', ②에는 '불어넣었다/불어넣는다', ③에는 '대비'를 넣어야 자연스러운 문장이 됩니다.

[어휘 확장하기]

1. ④

   ▶ 글의 마지막 부분에 서연이의 목표가 멋진 작품으로 상을 받는 것이라고 나와 있습니다.

2. ①

   ▶ 어깨가(를) 으쓱거리다: 뽐내고 싶은 기분이나 떳떳하고 자랑스러운 기분이 되다

   어깨를 나란히 하다: 서로 비슷한 지위나 힘을 가지다

   어깨에 힘을 주다: 거만한 태도를 취하다

3. ⑤

   ▶ 내 코가 석 자: 내 사정이 급하고 어려워서 남을 돌볼 여유가 없음

   누워서 침 뱉기: 남을 해치려고 한 행동이 오히려 자신에게

돌아옴

금강산도 식후경: 아무리 재미있는 일도 배가 부르고 나야 흥이 남

꿩 먹고 알 먹기: 한 가지 일을 하여 두 가지 이상의 이익을 봄

공든 탑이 무너지랴: 힘을 다하고 정성을 다하여 한 일은 그 결과가 반드시 헛되지 않다

4. 두근두근 바다 여행 29~33쪽

[어휘와 만나기]

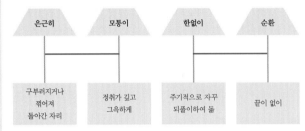

(사다리 선은 예시 답안입니다.)

[어휘와 친해지기]

1. ① 고스란히   ② 모퉁이   ③ 한없이

2. 환
   ▶ 화환: 생화나 조화를 모아 고리같이 둥글게 만든 물건. 축하나 애도를 표현할 때 쓰임

3. ① ㉡   ② ㉠

[어휘 공부하기]

1. 위임했다
   ▶ 애걸복걸하다: 소원 따위를 들어 달라고 애처롭게 사정하며 간절히 빌다
   위임하다: 어떤 일을 책임 지워 맡기다

2. 은근히
   ▶ 허망하게: 어이없고 허무하게
   산산이: 여지없이 깨지거나 흩어지는 모양
   솔솔: 바람이 보드랍게 부는 모양

3. ③
   ▶ 수수한: 물건의 겉모양이나 사람의 옷차림이 그리 좋지도 나쁘지도 않은
   상속하다: 뒤를 잇다
   타닥: 콩깍지나 장작 따위가 타면서 가볍게 튀는 소리

[어휘 확장하기]

1. 고스란히

2. ②
   ▶ 글에서 숙소 방은 큰 유리창이 있어서 바다가 보였다고 했

습니다.

3. ① ㉡ ② ㉠
　▶ 돌다리도 두들겨 보고 건너라: 잘 아는 일이라도 세심하게 주의하라

　보기 좋은 떡이 먹기도 좋다: 내용이 좋으면 겉모양도 반반하다

　빛 좋은 개살구: 겉만 그럴 듯하고 실속이 없음

　쇠뿔도 단김에 빼라: 일하려면 망설이지 말고 바로 행동으로 옮겨라

---

5. 꿈같은 마라톤 완주

[어휘와 만나기]

① 대견하다　② 발걸음　③ 뻐근하다　④ 완주

[어휘와 친해지기]

1. 뻑적지근하다, 꽉꽉
　▶ 거뜬하다: 마음이 흐뭇하고 상쾌하다
　지끈지끈하다: 머리가 쑤시듯 자꾸 아프다
　꽥꽥: 갑자기 목청을 높여 자꾸 지르는 소리
　꽝꽝: 잇따라 총이나 대포를 쏘거나 폭발물이 터져서 울리는 소리

2. ① 번창해　② 명백하다
　▶ 번창하다: 번성하여 크게 잘 뻗어 나가다
　예) 부모님은 사업이 번창해 큰돈을 벌었다.
　명백하다: 의심할 바 없이 아주 뚜렷하다

3. ① 감쪽같이　② 발걸음

[어휘 공부하기]

1. ③
　▶ ③에는 '대화(對話)'가 적절합니다. ②에 쓰인 '대기'는 '공기'를 뜻합니다.

2. ① ㉠　② ㉡

3. ① 목표한 지점까지 다 달림
　② 일이 매우 갑작스럽게 진행되는 모양

[어휘 확장하기]

1. 완주

2. ①
　▶ 자신만만(自信滿滿): 매우 자신이 있음
　금시초문(今始初聞): 바로 지금 처음으로 들음
　동고동락(同苦同樂): 괴로움도 즐거움도 함께함
　우왕좌왕(右往左往): 이리저리 왔다 갔다 하며 일이나 나아가는 방향을 정하지 못함

3. ①
　▶ 물로 보다: 사람을 하찮게 보거나 쉽게 생각하다

[어휘와 만나기]

① 두루 ② 문맹 ③ 독창 ④ 글귀

[어휘와 친해지기]

1. ① 골똘히 ② 묵묵히 ③ 읊다

있	다	간	명	묵
짱	딸	골	명	묵
함	구	똘	하	히
막	막	히	다	없
간	딴	히	읊	다

2. ① 문맹 ② 창제 ③ 글귀
   ▶ 문상: 남의 죽음에 슬퍼하는 뜻을 드러내어 상주(喪主)를 위로차 방문
   창구: 사무실 등에 손님과 문서·돈·물건 따위를 주고받을 수 있게 조그마하게 창을 내거나 대(臺)를 마련하여 놓은 곳
   글쇠: 타자기나 컴퓨터의 등의 자판

3. 형태
   ▶ 추세: 어떤 현상이 일정한 방향으로 나아가는 경향
   형세: 일이 되어 가는 형편
   형태: 사물의 생김새나 모양

[어휘 공부하기]

1. ①
   ▶ 명창: 노래를 뛰어나게 잘 부르는 사람

2. ① ㉠ ② ㉡ ③ ㉠

3. 선생님은 우리 반 친구들을 <u>모두</u> 살펴보았다.
   ▶ 듬뿍: 매우 많거나 넉넉한 모양
   예) 밥그릇에 밥을 <u>듬뿍</u> 담았다.

[어휘 확장하기]

1. ①

▶ 두 번째 문장에서 세종대왕은 문맹을 없애고자 한글을 창제했다고 나와 있습니다.

2. ③
   ▶ 원수는 외나무다리에서 만난다: 꺼리고 싫어하는 대상을 피할 수 없는 곳에서 우연히 만나게 되다
   열 길 물속은 알아도 한 길 사람 속은 모른다: 사람의 속마음을 알기란 매우 힘들다
   열 번 찍어 아니 넘어가는 나무 없다: 아무리 뜻이 굳은 사람이라도 여러 번 권하거나 꾀고 달래면 결국은 마음이 변한다. 즉, 여러 번 시도하다 보면 결국 성공에 이르게 된다
   지렁이도 밟으면 꿈틀한다: 순하고 보잘것없는 사람도 너무 업신여기면 가만히 있지 않는다

3. ①
   ▶ 부산히: 급하게 서두르거나 시끄러울 정도로 떠들어 어수선하게
   까막눈: 글을 읽을 줄 모르는 무식한 사람
   유유히: 움직임이 한가하고 여유가 있고 느리게

[어휘와 만나기]

① 궤도   ② 암석   ③ 대신   ④ 자원

[어휘와 친해지기]

1. 급
  ▶ 급식: 식사를 공급함. 또는 그 식사
    발급: 증명서 따위를 발행하여 줌

2. 필수품, 암석

3.

	비슷한 말	반대말
대신	대행	손수
공상	상상	현실

[어휘 공부하기]

1. ③
  ▶ 네거리, 사거리: 한 지점에서 길이 네 방향으로 갈라져 나간 곳
    근거리: 어느 한 곳에서 다른 곳까지의 짧은 거리
    원거리: 먼 거리

2. 그득하게
  ▶ '소복하게'는 물건이 볼록하게 많을 때 씁니다.

3. ④
  ▶ ①에는 '자원', ②에는 '궤도', ③에는 '숱한'이 알맞습니다. ④에는 '소원'을 쓰는 것이 적절합니다.
    ②에 쓰인 '궤도'는 '일이 발전하는 본격적인 방향과 단계'라는 뜻입니다.

[어휘 확장하기]

1. ④
  ▶ 글에서 우주비행사의 첫 번째 임무가 원격 화상회의로 매일 지구와 정보를 주고받는 것이라고 했습니다.

2. ③
  ▶ 발을 빼다: 어떤 일에서 관계를 끊고 완전히 물러나다
    발을 끊다: 오가지 않거나 관계를 끊다
    발 벗고 나서다: 적극적으로 나서다

3. ②
  ▶ 도둑이 제 발 저리다: 지은 죄가 있으면 마음이 조마조마해지다
    개천에서 용 난다: 시원찮은 환경에서 빼어난 인물이 나다
    낫 놓고 기역 자도 모른다: 사람이 글자를 모르거나 무식함을 비유적으로 이름
    바늘 도둑이 소도둑 된다: 작은 나쁜 일도 계속해서 버릇이 되면 나중에 큰 죄를 저지른다
    세 살 적 버릇이 여든까지 간다: 어릴 때 몸에 밴 버릇은 늙어 죽을 때까지 고치기 힘들다

[어휘와 만나기]

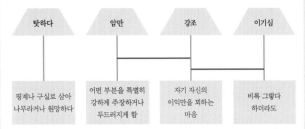

탓하다	암만	강조	이기심
핑계나 구실로 삼아 나무라거나 원망하다	어떤 부분을 특별히 강하게 주장하거나 두드러지게 함	자기 자신의 이익만을 꾀하는 마음	비록 그렇다 하더라도

(사다리 선은 예시 답안입니다.)

[어휘와 친해지기]

1. ① 지긋하다　② 이기심　③ 게을리하다

2. 강
   ▶ 강행: 어려운 점을 무릅쓰고 행함
   　강점: 남보다 우세하거나 더 뛰어난 점

3. ① ㉠　② ㉡

[어휘 공부하기]

1. 다복하게
   ▶ 다복하다: 복이 많다

2. 침침해

3. ③
   ▶ 막하다: 되는대로 함부로 하다

[어휘 확장하기]

1. 이기심

2. ④
   ▶ 글의 마지막 부분에 연설문을 멋지게 읽었다고 나와 있습니다.

3. ① ㉡　② ㉠
   ▶ 아는 것이 힘이다: 많은 지식과 경험은 큰 힘이 된다
   　모르는 게 약이다: 내가 해결할 수 없는 일들(소문, 쓸데없는 생각)은 모르는 게 나을 때도 있다
   　피는 물보다 진하다: 혈육의 정이 깊다

[어휘와 만나기]

① 표결　② 내밀다　③ 채택　④ 규제

[어휘와 친해지기]

1. 순서, 체계
   ▶ 항소: 소송에서 앞선 판결을 인정하지 않고 상급 법원에 다시 재판을 요청함
   　편의: 형편이나 조건 등이 편하고 좋음
   　여비: 여행하는 데 드는 비용

2. ① 단계　② 규제
   ▶ 단독: 단 한 사람 또는 단 하나
   　단골: 늘 정하여 놓고 거래하는 곳이나 손님
   　단칸: 하나로만 이루어진 칸
   　규범: 인간이 행동하거나 판단할 때에 마땅히 따르고 지켜야 할 가치 판단의 기준
   　규탄: 잘못이나 옳지 못한 일을 찾아내 따지고 나무람

3. ① 채택　② 전달

[어휘 공부하기]

1. ④
   ▶ ④에는 '내리쬐다'가 적절합니다. '내리쬐다'는 '볕 따위가 세차게 아래로 비치다'라는 뜻입니다.
   　'내세우다'는 ① '앞으로 나와 서게 하다', ② '내놓고 자랑하거나 높이 평가하다'라는 뜻도 있습니다.

2. ① ㉡　② ㉠

3. ① 투표하여 결정함
   ② 돈이나 물건을 받으라고 내어 주다

[어휘 확장하기]

1. 단계

2. ③
   ▶ 십중팔구(十中八九): 거의 대부분이거나 틀림없음
   　설상가상(雪上加霜): 난처한 일이나 불행한 일이 잇따라 일어남
   　일편단심(一片丹心): 진심에서 우러나오는 변치 않는 마음

3. ①

▶ 뜸을 들이다: 일이나 말할 때, 쉬거나 여유를 갖기 위해 서
두르지 않고 한동안 가만히 있다

발을 들이다: 어떤 일에 처음 종사하거나 첫 경험을 하다

눈독을 들이다: 욕심을 내어 눈여겨보다

버릇을 들이다: 어떤 것을 버릇이 되도록 하다

[어휘와 만나기]

① 흠씬   ② 구실   ③ 동력   ④ 위생

▶ '동력'은 기계적인 에너지로 바꾸는 것을 나타내기도 하지만
'어떤 일을 발전시키고 밀고 나가는 힘'을 뜻하기도 합니다.

[어휘와 친해지기]

1. ① 납작   ② 삭막하다   ③ 즉석

삭	넙	신	선	한
신	납	작	즉	삭
석	세	물	이	막
조	즉	각	솔	하
심	석	미	막	다

2. ① 용도   ② 위생   ③ 동력

▶ 남용: 일정한 기준이나 한도를 넘어서 함부로 씀

환생: 죽은 사람이 다시 태어남

격동: 감정 등이 몹시 흥분하여 어떤 충동이 느껴짐

3. 소행

▶ 소임: 맡은 바 직책이나 임무

소행: 이미 해 놓은 일이나 짓

[어휘 공부하기]

1. ①

▶ 한껏: 할 수 있는 데까지

2. ① ㉠   ② ㉡   ③ ㉢

3. 모든 계획은 <u>철두철미하게</u> 비밀에 부쳐졌다.

▶ 철두철미하다: 처음부터 끝까지 철저하다

소홀하다: 대수롭지 아니하고 예사롭다

투박하다: 생김새가 볼품없이 둔하고 튼튼하기만 하다

[어휘 확장하기]

1. ⑤

▶ 즉석식품은 1인 가구와 바쁜 현대인들을 위해 개발되었다고 했지, 혼자 사는 사람만 먹을 수 있다고 하지는 않았습니다.

2. ④

▶ 하늘의 별 따기: 무엇을 얻거나 성취하기가 매우 어려운 경우

가재는 게 편: 모양이나 형편이 비슷한 것끼리 서로 편을 듦

약방에 감초: 어느 자리건 끼어들어 참견하는 사람

수박 겉 핥기: 사물의 속은 모르고 겉만 건드리는 일

3. ⑤

▶ 불결: 사물이나 장소가 깨끗하지 아니하고 더러움

희번덕: 눈을 크게 뜨고 흰자위를 자꾸 번득이며 움직임

[어휘와 만나기]

① 열띤　② 꼼짝없이　③ 걸핏하면　④ 멀찍이

[어휘와 친해지기]

1. 행

▶ 감행: 과감하게 실행함

2. 빼꼼히, 하루해

3.

	비슷한 말	반대말
멀찍이	멀찌감치	가까이
고단하다	피곤하다	활기차다

[어휘 공부하기]

1. ②

▶ 하마터면: 조금만 잘못하였더라면

솔깃하다: 그럴듯해 보여 마음이 쏠리는 데가 있다

2. 전혀 없이

▶ 수두룩하다: 매우 많고 흔하다

3. ④

▶ ③에 쓰인 '조르다'는 '실이나 끈 등으로 감거나 둘러 묶은 것을 단단히 죄다'라는 뜻입니다.

허리띠를 졸라매다: 검소한 생활을 하다

④에는 '시원찮다'를 쓰는 것이 적절합니다. 뜻은 '마음에 흡족하지 아니하다'입니다.

[어휘 확장하기]

1. ③

2. ①

▶ 손에 땀을 쥐다: 아슬아슬하여 마음이 조마조마하도록 몹시 애달다

오지랖이 넓다: 쓸데없이 지나치게 아무 일에나 참견하는 면이 있다

콧대를 꺾다: 상대방의 자만심이나 자존심을 꺾어 기를 죽이다

3. ①

▶바늘 가는 데 실 간다: 사람의 긴밀한 관계를 나타냄

고래 싸움에 새우 등 터진다: 강한 자들끼리 싸우는 통에 아무 상관도 없는 약한 자가 중간에 끼어 피해를 입다

호박이 넝쿨째로 굴러 들어온다: 뜻밖에 좋은 물건을 얻거나 좋은 일이 생기다

원수는 외나무다리에서 만난다: 싫어하는 대상을 피할 수 없는 곳에서 공교롭게 만나다

오르지 못할 나무 쳐다보지도 마라: 자기 능력 밖의 불가능한 일에 처음부터 욕심을 내지 않는 것이 좋다

12. 새 친구들과 사이좋게 지내요 77~81쪽

[어휘와 만나기]

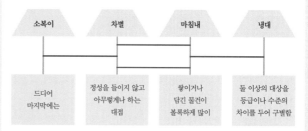

소복이	차별	마침내	냉대
드디어 마지막에는	정성을 들이지 않고 아무렇게나 하는 대접	쌓이거나 담긴 물건이 볼록하게 많이	둘 이상의 대상을 등급이나 수준의 차이를 두어 구별함

(사다리 선은 예시 답안입니다.)

[어휘와 친해지기]

1. ① 언짢다   ② 달하다   ③ 받치다

2. 주
   ▶입주: 새집에 들어가 삶

3. ① ㄱ   ② ㄴ   ③ ㄱ

[어휘 공부하기]

1. 선심
   ▶푸대접, 박대: 정성을 들이지 않고 아무렇게나 하는 대접
   선심: 남에게 베푸는 후한 마음
   홀대: 소홀히 대접함

2. 소복이
   ▶아늑히: 따뜻하고 포근한 느낌이 있게

3. ④
   ▶호명: 이름을 부름
   분열: 찢어져 나뉨
   기필코: 틀림없이 꼭

[어휘 확장하기]

1. 차별

2. ③
   ▶③은 글에 나온 내용도 아니고, '눈을 붙이다'는 '잠을 자다'라는 표현이므로 흐름상 적절하지 않습니다.
   눈 깜짝할 사이: 매우 짧은 순간

3. 다리
   ▶한 다리 걸치다: 일의 한몫을 담당하다

[어휘와 만나기]

① 첨단   ② 단속   ③ 재난   ④ 보도

[어휘와 친해지기]

1. 대
   ▶ 대치: 서로 맞서서 버팀

2. 접종, 건립

3.

	비슷한 말	반대말
밀접하다	가깝다	멀다
머무르다	남다	떠나다

[어휘 공부하기]

1. ①
   ▶ 폭등: 물건값이나 주가 등이 갑자기 큰 폭으로 오름

2. 지키도록

3. ③
   ▶ ① '첨단', ② '해명', ④ '보도'가 오는 것이 흐름상 자연스럽습니다. ③에는 '차로', '걸어서' 등 이동수단이 오는 것이 적절합니다.

[어휘 확장하기]

1. ②
   ▶ 마스크를 착용하지 않으면 단속되어 벌금을 낼 수도 있다고 글에 나와 있습니다.

2. ③
   ▶ 눈이 높다: 정도 이상의 좋은 것만 찾는 버릇이 있다
   눈을 붙이다: 잠을 자다
   눈 하나 깜짝 안 하다: 태도나 기색이 아무렇지도 않은 것처럼 예사롭게 굴다

3. ②
   ▶ 가랑비에 옷 젖는 줄 모른다: 사소한 것이라도 반복되면 무시하지 못할 정도로 크게 된다
   벼는 익을수록 고개를 숙인다: 교양 있는 사람일수록 겸손

하다
호랑이도 제 말 하면 온다: 다른 사람에 관한 이야기를 하는데 공교롭게 그 사람이 나타난다
개구리 올챙이 적 생각 못 한다: 사정이 예전보다 나아진 사람이 어렵던 때의 일을 생각지 않고 처음부터 잘난 듯이 뽐낸다

[어휘와 만나기]

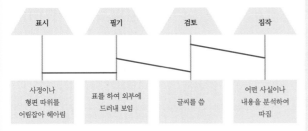

(사다리 선은 예시 답안입니다.)

[어휘와 친해지기]

1. ① 방위   ② 응용   ③ 축척

2. 등
   ▶ 등급: 높고 낮음이나 좋고 나쁜 따위의 차이를 구분한 단계
   부등호: 두 수 또는 두 식 사이의 대소 관계를 나타내는 기호로 〉, 〈 등이 있습니다.

3. ① ㉠   ② ㉡
   ▶ ㉠은 직접 '표'를 할 때 쓰입니다. 글자나 그림 등으로 쓰여 있을 때 사용해요. ㉡은 그 외에 사용합니다.

[어휘 공부하기]

1. 거뜬한
   ▶ 거뜬하다: 다루기에 무게가 적고 손쉽다
   단출하다: 일이나 차림이 간편하다

2. 필기
   ▶ 실기: 실제의 기능이나 기술

3. ③
   ▶ 침착: 행동이 들뜨지 아니하고 차분함
   빈약하다: 형태나 내용이 충실하지 못하고 보잘것 없다
   검침: 전기, 수도, 가스 따위의 사용량을 알기 위하여 계량기의 숫자를 검사함

[어휘 확장하기]

1. 간략하게

2. 일
   ▶ 별 볼 일 없다: 대단하지 않고 하찮다

알다가도 모를 일이다: 어떤 일이 선뜻 이해가 가지 않는다

3. ① ㉠   ② ㉡
   ▶ 열 번 찍어 아니 넘어가는 나무 없다: 아무리 어려운 일이라도 끊임없이 노력하면 기어이 이루어 내고야 만다
   미운 아이 떡 하나 더 준다: 미운 사람일수록 잘해 주고 감정을 쌓지 않아야 한다
   계란으로 바위를 친다: 대항해도 도저히 이길 수 없다
   귀한 자식 매 한 대 더 때린다: 자식이 귀할수록 버릇을 잘 가르쳐야 한다

15. 위대한 이순신 장군님

95~99쪽

[어휘와 만나기]

① 일정 ② 무찌르다 ③ 달래다 ④ 다듬다

[어휘와 친해지기]

1. 평생, 긍지
   ▶ 살생: 사람이나 짐승 따위의 생물을 죽임
   소생: 거의 죽어 가다가 다시 살아남
   긍지: 자신의 능력을 믿어서 갖는 당당함
   무지: 아는 것이 없음

2. ① 충고해 ② 불쾌
   ▶ 불쾌: 못마땅하여 기분이 좋지 아니함

3. ① 무찔렀다 ② 세워야

[어휘 공부하기]

1. ④
   ▶ ④에는 '미정'이 적절합니다. '미정'의 뜻은 '아직 정하지 못함'입니다.

2. ① ㄴ ② ㄱ

3. ① 칭찬하고 기억하는 ② 떨치어 나타냄

[어휘 확장하기]

1. 자부심

2. ②
   ▶ 인산인해(人山人海): 사람이 수없이 많이 모여 있는 상태
   삼십육계(三十六計): 매우 급하게 도망을 치는 모습
   남녀노소(男女老少): 연령이나 성별에 상관없이 모든 사람

3. ③
   ▶ 귀가 얇다: 남의 말을 쉽게 받아들인다
   선심을 쓰다: 남에게 착한 마음을 베풀다
   간담이 서늘하다: 몹시 놀라서 섬뜩하다
   옆구리를 찌르다: 눈치를 주다

16. 할아버지의 새로운 일

101~105쪽

[어휘와 만나기]

① 정화 ② 퇴직 ③ 처리 ④ 불법

[어휘와 친해지기]

1. ① 심의 ② 통행 ③ 손길

손	변	기	술	통
귀	심	의	타	행
발	사	경	수	백
목	토	비	영	태
손	길	쉬	모	형

2. ① 기피 ② 정화 ③ 근절
   ▶ 정면: 사물에서 앞쪽으로 향한 면
   근면: 부지런히 일하며 힘씀

3. 극복
   ▶ 조치: 벌어지는 사태를 살펴서 필요한 대책을 세워 행함
   극복: 악조건이나 고생함을 이겨냄

[어휘 공부하기]

1. ①
   ▶ 현직: 현재의 직업
   이직: 직장을 옮기거나 직업을 바꿈

2. ① ㄱ ② ㄴ ③ ㄱ

3. 마을의 쓰레기 소각장에서 폐수를 배출하는 <u>위법</u> 행위를 저질렀다.
   ▶ 합법: 법령이나 규범에 적합함

[어휘 확장하기]

1. ②
   ▶ ④ CCTV는 설치를 요청한 상태로 아직 설치되지는 않았습니다. ⑤ 할아버지는 돈을 받지 않고 일합니다.

2. ②

▶ 핑계 없는 무덤 없다: 아무리 큰 잘못을 저질러도 변명하고 이유를 붙일 수 있다

윗물이 맑아야 아랫물이 맑다: 윗사람이 잘하면 아랫사람도 따라서 잘하게 된다

하룻강아지 범 무서운 줄 모른다: 철없이 함부로 덤빈다

한 귀로 듣고 한 귀로 흘린다: 남의 말을 귀담아듣지 않는다

3. ④

▶ 심증: 마음에 받는 인상

순화: 불순한 것을 제거하여 순수하게 함

---

17. 장점 이어서 말하기 107~111쪽

[어휘와 만나기]

① 보배   ② 호감   ③ 절제   ④ 마땅히

[어휘와 친해지기]

1. 경

▶ 경례: 공경의 뜻을 나타내기 위하여 인사하는 일

2. 절제, 책임

3.

	비슷한 말	반대말
정직	진실	거짓
호감	마음	악감정

▶ '마음'에는 '이성이나 타인에 대한 사랑이나 호의(好意)의 감정'이라는 의미도 있습니다.

[어휘 공부하기]

1. ⑤

▶ 어지간히: 보통 정도보다 훨씬 더

2. 보호나 간섭을 받지 않고

3. ③

▶ ③에는 '무엇을 사이에 두고 한편에서 맞은편으로 가다'라는 뜻의 '건너다'를 쓰는 것이 적절합니다.

②에 쓰인 '건네다'는 '돈이나 물건 등을 남에게 옮기다'라는 뜻입니다.

[어휘 확장하기]

1. ②

▶ 첫 번째 학생이 철수가 자주적으로 공부하는 모습을 많이 봤다고 했습니다.

2. ①

▶ 찬물을 끼얹다: 잘되어 가고 있는 일에 뛰어들어 분위기를 흐리거나 공연히 트집을 잡는다

바가지를 쓰다: 요금이나 물건값을 실제 가격보다 비싸게 지불하여 억울한 손해를 보다

입이 무겁다: 말수가 적거나 말을 하는 데 몹시 신중하다

3. ④

▶ 간에 기별도 안 가다: 먹은 것이 너무 적어 먹으나 마나 하다

싼 것이 비지떡이다: 값이 싼 것은 품질도 낮고 좋지 못하다

가랑잎이 솔잎더러 바스락거린다고 한다: 자기 허물은 생각하지 않고 남의 허물만 나무란다

[어휘와 만나기]

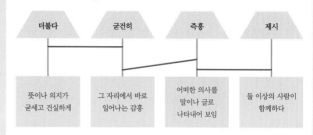

(사다리 선은 예시 답안입니다.)

[어휘와 친해지기]

1. ① 저지르다   ② 깨우치다   ③ 잘다

2. 내
   ▶ 실내: 방이나 건물 등의 안

3. ① ㄱ   ② ㄷ   ③ ㄴ

[어휘 공부하기]

1. 소식
   ▶ 소견: 어떤 일이나 사물을 살펴보고 가지게 되는 생각이나 의견
   소식: 멀리 떨어져 있는 사람의 사정을 알리는 말이나 글

2. 제시
   ▶ 제공: 무엇을 내주거나 갖다 바침
   제휴: 행동을 함께하기 위하여 서로 붙들어 도와줌
   제보: 정보를 제공함

3. ②
   ▶ 공연히: 아무 까닭이나 실속이 없게
   부흥: 쇠퇴하였던 것이 다시 일어남
   예) 민족 부흥 운동, 농촌 부흥 운동

[어휘 확장하기]

1. 내면

2. ②
   ▶ ② '머리털이 곤두서다'는 '무섭거나 놀라서 날카롭게 신경이 긴장되다'라는 뜻으로 문장의 흐름과는 어울리지 않습니다.
   깨가 쏟아지다: 오붓하거나 몹시 아기자기하여 재미가 나다

3. 침

　▶ 누워서 침 뱉기: 남을 해치려다가 도리어 자기가 해를 입게 됨

　입술에 침이나 바르지: 속이 빤히 들여다보이는 거짓말을 하는 사람에게 하는 말

[어휘와 만나기]

① 둘러싸다　② 자국　③ 밝혀내다　④ 묻다

[어휘와 친해지기]

1. 복구, 풍문

　▶ 복구: 손실 이전의 상태로 회복함

　복지: 행복한 삶

　풍문: 바람처럼 떠도는 소문

2. ① 밝혀졌다　② 둘러싸여

　▶ 순시하다: 돌아다니며 사정을 보살피다

3. ① 층층이　② 퇴적

[어휘 공부하기]

1. ③

　▶ ③에는 '자격'이 적절합니다. '자격'은 '일정한 일을 하는데 필요한 조건이나 능력'을 뜻합니다.

　①에 쓰인 '자국'은 '상처가 생겼다가 아문 자리'의 뜻입니다.

　④에 쓰인 '자국'은 '자기 나라'라는 뜻입니다.

2. ① ㉡　② ㉢　③ ㉠

3. ① 인류가 나타나기 이전의 자연계 발전의 역사

　② 가운데가

[어휘 확장하기]

1. 밝혀

2. ③

　▶ 반신반의(半信半疑): 얼마쯤 믿으면서도 한편으로 의심함

　다사다난(多事多難): 여러 가지 일도 많고 어려움이나 탈도 많음

　인산인해(人山人海): 사람이 수없이 많이 모인 상태

　백발백중(百發百中): 무슨 일이나 틀림없이 잘 들어맞음

3. ①

　▶ 좀이 쑤시다: 마음이 들뜨거나 초조해서 참고 기다리지 못하다

　피도 눈물도 없다: 인정머리가 조금도 없다

　허파에 바람 들다: 실없이 행동하거나 지나치게 웃어 대다

　시치미를 떼다: 자기가 한 일을 하지 않았다며 모르는 체하다

[어휘와 만나기]

① 원리   ② 납작   ③ 수평   ④ 영점

[어휘와 친해지기]

1. ① 튀다   ② 맞추다   ③ 흘러내리다

흘	림	누	리	다
러	토	끼	맞	독
내	하	림	추	타
리	명	치	다	다
다	솔	튀	다	랄

2. ① 원리   ② 수평   ③ 영점
   ▶ 수집: 취미나 연구를 위해 여러 가지 물건이나 재료를 찾아 모음
   영문: 일이 돌아가는 형편이나 그 까닭

3. 풋풋
   ▶ 풋풋하다: 풋내와 같이 싱그럽다

[어휘 공부하기]

1. ②

2. ① ㉡   ② ㉠   ③ ㉢

3. 작은 그릇에 있던 물을 큰 그릇에 가득 담다.
   ▶ 품다: 품속에 넣거나 가슴에 대어 안다

[어휘 확장하기]

1. ⑤
   ▶ 설탕과 소다가 만나면 이산화탄소가 발생한다고 했으므로 ③은 틀린 문장이고, ①, ②, ④의 내용은 글에 나오지 않습니다.

2. ④
   ▶ 빈 수레가 요란하다: 실속 없는 사람이 겉으로 더 떠들어 댄다

하나만 알고 둘은 모른다: 생각이 밝지 못하여 융통성이 없고 미련하다
입에 쓴 약이 병을 고친다: 자기에 대한 충고를 받아들이면 자기 수양에 도움이 된다
백 번 듣는 것이 한 번 보는 것만 못하다: 듣기만 하는 것보다 직접 보는 것이 확실하다

3. ①
   ▶ 터전: 살림의 근거지가 되는 곳

단어 한눈에 보기 — 한자어도 함께 알아보세요!

국어

1. 어려운 사람을 도와요

방안 方案	일을 처리하거나 해결하여 나갈 방법이나 계획
베풀다	남에게 돈을 주거나 일을 도와주어서 혜택을 받게 하다
보장(保障)하다	어떤 일이 어려움 없이 이루어지도록 책임지거나 보호하다
쇠약 衰弱	힘이 점점 줄어서 약함
안도감 安堵感	안심이 되는 마음
연일 連日	여러 날을 계속하여
정책 政策	정치적 목적을 실현하기 위한 방책
허다(許多)하다	수가 매우 많다
허름하다	헐거나 낡아 보잘것없다
헐벗다	가난하여 옷이 헐어 벗다시피 하다

2. 동장군아, 물러서거라!

나들이	집을 떠나 가까운 곳에 잠시 다녀오는 일
단단히	헐겁거나 느슨하지 아니하고 튼튼하게
돋보이다	무리 중에서 뛰어나 도드라져 보이다
뭉근하다	세지 않은 불기운이 끊이지 않고 꾸준하다
설득 說得	상대방이 이쪽의 이야기를 따르도록 여러 가지로 깨우쳐 말함
쓸모	쓸 만한 가치
우쭐하다	의기양양하여 뽐내다
이맘때	이만큼 된 때

토라지다	마음에 들지 아니하고 뒤틀리어서 싹 돌아서다
호되다	매우 심하다

3. 서연이의 미술작품

구도 構圖	그림에서 모양, 색깔, 위치 등의 짜임새
대비 對備	앞으로 일어날지도 모르는 일에 대응하기 위해 준비함
배치 配置	사람이나 물자 등을 일정한 자리에 나누어 둠
불어넣다	어떤 생각이나 느낌을 가질 수 있도록 영향이나 자극을 주다
비아냥거리다	얄밉게 빈정거리며 자꾸 놀리다
생동감 生動感	생기 있게 살아 움직이는 듯한 느낌
안정 安定	바뀌지 않고 일정한 상태를 유지함
우아(優雅)하다	고상하고 기품이 있으며 아름답다
인상 印象	어떤 대상에 대하여 마음속에 새겨지는 느낌
재능 才能	어떤 일을 하는 데 필요한 재주와 능력

4. 두근두근 바다 여행

고스란히	건드리지 않아 조금도 변하지 않고 그대로 온전히
모퉁이	구부러지거나 꺾어져 돌아간 자리
사정(事情)하다	어떤 일의 형편이나 원인을 남에게 말하고 무엇을 간청하다
선선하다	시원한 느낌이 들 정도로 서늘하다
순환 循環	주기적으로 자꾸 되풀이하여 돎
야속(野俗)하다	무정한 행동이나 그런 행동을 한 사람이 섭섭하게 여겨져 언짢다
은근(慇懃)히	정취가 깊고 그윽하게

토닥이다	잘 울리지 않는 물체를 가볍게 두드려 소리를 내다		문맹 文盲	배우지 못하여 글을 읽거나 쓸 줄을 모름
트이다	막혀 있던 것이 없어져 환히 열린 상태가 되다		읊다	억양을 넣어서 소리를 내어 시를 읽거나 외다
한(限)없이	끝이 없이		창제 創製/創制	전에 없던 것을 처음으로 만들거나 제정함
			형편 形便	일이 되어 가는 상태나 경로 또는 결과

5. 꿈같은 마라톤 완주

감쪽같이	꾸미거나 고친 것이 전혀 알아챌 수 없을 정도로 티가 나지 않게
꾹꾹	잇따라 힘을 주어 누르거나 죄는 모양
대견하다	흐뭇하고 자랑스럽다
대기 待機	때나 기회를 기다림
덜컥	어떤 일이 매우 갑작스럽게 진행되는 모양
발걸음	발을 옮겨서 걷는 동작
뻐근하다	근육이 몹시 피로해 몸을 움직이기 매우 거북하다
산뜻하다	기분이나 느낌이 깨끗하고 시원하다
완주 完走	목표한 지점까지 다 달림
차오르다	감정 따위가 마음속에 점점 커지다

7. 달 탐사로봇 출동!

공상 空想	비현실적이거나 실현 가능성이 없는 것을 막연히 생각해 봄
궤도 軌道	행성, 인공위성 등이 중력의 영향으로 다른 천체의 둘레를 돌며 그리는 곡선의 길
글썽이다	눈에 눈물이 넘칠 듯이 그득하게 고이다
대신 代身	어떤 대상의 자리나 구실을 바꾸어 새로 맡음
보급 補給	물자나 자금 따위를 계속해서 대어 줌
숱하다	아주 많다
암석 巖石	지각을 구성하고 있는 단단한 물질
원격 遠隔	멀리 떨어져 있음
자원 資源	인간 생활 및 경제 생산에 이용되는 원료로서의 광물, 산림, 수산물 등
필수품 必需品	일상생활에 없어서는 안 되는 꼭 필요한 물건

6. 세종대왕과 한글

골똘히	한 가지 일에 온 정신을 쏟아 딴생각이 없이
글귀(句)	글의 구나 절
끼적이다	글씨나 그림 따위를 아무렇게나 쓰거나 그리다
독창 獨創	다른 것을 모방하지 않고 새로운 것을 처음 만들거나 생각해 냄
두루	빠짐없이 골고루
묵묵(默默)히	말없이 잠잠하게

8. 새로 만난 선생님과 나

강조 强調	어떤 부분을 특별히 강하게 주장하거나 두드러지게 함
게을리하다	움직이거나 일하기를 몹시 싫어하여 제대로 하지 않다
뽑다	여럿 가운데에서 골라내다
암만	비록 그렇다 하더라도
엄연(儼然)히	어떤 사실이나 현상이 부인할 수 없을 만큼 뚜렷하게

이기심 利己心	자기 자신의 이익만을 꾀하는 마음
지긋하다	나이가 비교적 많아 듬직하다
침침(沈沈)하다	눈이 어두워 물건이 똑똑히 보이지 않고 흐릿하다
탓하다	핑계나 구실로 삼아 나무라거나 원망하다
하찮다	대수롭지 아니하다

삭막(索莫)하다	쓸쓸하고 막막하다
용도 用途	쓰이는 길 또는 쓰이는 곳
위생 衛生	건강에 유익하도록 조건을 갖추거나 대책을 세우는 일
즉석 卽席	어떤 일이 진행되는 바로 그 자리
철저(徹底)히	속속들이 꿰뚫어 밑바닥까지 빈틈이나 부족함이 없이
흠씬	물에 푹 젖은 모양

9. 우리 동네 문제를 해결해요!

규제 規制	규칙이나 규정으로 한도를 제한하거나 금지함
내밀다	돈이나 물건을 받으라고 내어 주다
내세우다	주장이나 의견을 내놓고 주장하거나 지지하다
단계 段階	일의 차례를 따라 나아가는 과정
전달 傳達	지시나 명령 등을 다른 사람이나 기관에 전하여 이르게 함
절차 節次	일을 치르는 데 거쳐야 하는 순서나 방법
제도 制度	관습이나 도덕, 법률 등의 규범이나 사회 구조의 체계
채택 採擇	작품, 의견, 제도 등을 골라서 다루거나 뽑아 씀
표결 票決	투표를 하여 결정함
훈훈(薰薰)하다	마음을 부드럽게 녹여 주는 따스함이 있다

10. 물건들의 용도

구실	자기가 마땅히 해야 할 맡은 바 책임
납작	몸을 바닥에 바짝 대고 냉큼 엎드리는 모양
동력 動力	전기 또는 자연에 있는 에너지를 쓰기 위해 기계적인 에너지로 바꾼 것
뒤집어쓰다	가루나 액체 등을 몸에 덮어쓰다

국어 활동

11. 주말! 아빠 미행 작전!

걸핏하면	조금이라도 일이 있기만 하면 곧
고단하다	몸이 지쳐서 몹시 기운이 없다
꼼짝없이	현재의 상태를 벗어날 방법이나 여지가 전혀 없이
멀찍이	사이가 꽤 떨어지게
미행 尾行	다른 사람의 행동을 감시하거나 증거를 잡기 위해 몰래 뒤를 밟음
빼꼼히	작은 구멍이나 틈 사이로 아주 조금만 보이는 모양
시큰둥하다	달갑지 아니하거나 못마땅하여 시들하다
열(熱)띠다	열기를 품다
조르다	다른 사람에게 끈덕지게 무엇을 자꾸 요구하다
하루해	해가 떠서 질 때까지의 동안

12. 새 친구들과 사이좋게 지내요

냉대 冷待	정성을 들이지 않고 아무렇게나 하는 대접
달(達)하다	일정한 표준, 수량, 정도에 이르다
마침내	드디어 마지막에는
밭치다	구멍이 뚫린 물건 위에 국수나 채소 등을 올려 물기를 빼다
소복이	쌓이거나 담긴 물건이 볼록하게 많이
언짢다	마음에 들지 않거나 좋지 않다
이주 移住	본래 살던 집에서 다른 집으로 거처를 옮김
정착 定着	일정한 곳에 자리를 잡아 붙박이로 있거나 머물러 삶
차별 差別	둘 이상의 대상을 등급이나 수준의 차이를 두어 구별함
화합 和合	화목하게 어울림

사회

13. 전염병은 물러가라!

건립 建立	기관, 조직체 등을 새로 조직함
단속 團束	규칙이나 법령 등을 지키도록 통제함
대안 代案	어떤 생각이나 계획을 대신할 안
머무르다	도중에 멈추거나 일시적으로 어떤 곳에 묵다
밀접(密接)하다	아주 가깝게 맞닿아 있다

보도 報道	대중 전달 매체를 통해 사람들에게 새로운 소식을 알림
재난 災難	뜻밖에 일어난 재앙과 고난
접종 接種	병의 예방·치료 등을 위해 소량의 병원균을 몸에 주입함
첨단 尖端	시대의 사조, 학문, 유행 등의 맨 앞장
해명 解明	까닭이나 내용을 풀어서 밝힘

14. 지도를 만들어요

간략(簡略)하다	간단하고 짤막하다
간편(簡便)하다	간단하고 편리하다
검토 檢討	어떤 사실이나 내용을 분석하여 따짐
등고선 等高線	지도에서 해발 고도가 같은 지점을 연결한 곡선
방위 方位	동·서·남·북의 방향을 기준으로 하여 나타내는 위치
응용 應用	얻은 지식을 개개의 사례나 다른 분야에 적용함
짐작 斟酌	사정이나 형편 따위를 어림잡아 헤아림
축척 縮尺	지도에서의 거리와 지표에서의 실제 거리와의 비율
표시 標示	표를 하여 외부에 드러내 보임
필기 筆記	글씨를 씀

15. 위대한 이순신 장군님

기리다	뛰어난 업적이나 위대한 사람을 칭찬하고 기억하다
다듬다	맵시를 내거나 고르게 손질하여 매만지다
달래다	슬프거나 흥분한 감정 등을 가라앉게 하다

무찌르다	적을 쳐서 이기거나 없애다
발휘 發揮	재능, 능력 따위를 떨치어 나타냄
세우다	계획, 방안 따위를 정하거나 짜다
울적(鬱寂)하다	마음이 답답하고 쓸쓸하다
일생 一生	세상에 태어나서 죽을 때까지의 동안
일정 日程	일정한 기간 동안 해야 할 일을 날짜별로 짜 놓은 것
자부심 自負心	자신의 가치나 능력을 믿고 당당히 여기는 마음

16. 할아버지의 새로운 일

근절 根絶	다시 살아날 수 없도록 뿌리째 없애 버림
기피 忌避	꺼리거나 싫어하여 피함
불법 不法	법에 어긋남
손길	도와주거나 해치는 일을 비유적으로 이르는 말
심의 審議	심사하고 토의함
오물거리다	음식물을 입 안에 넣고 조금씩 자꾸 씹다
정화 淨化	불순하거나 더러운 것을 깨끗하게 함
처리 處理	사건 등을 절차에 따라 정리하여 마무리를 지음
통행 通行	일정한 장소를 지나다님
퇴직 退職	현직에서 물러남

도덕

17. 장점 이어서 말하기

건네다	남에게 말을 붙이다
경로 敬老	노인을 공경함
마땅히	그렇게 하거나 되는 것이 이치로 보아 옳게
보배	아주 귀하고 소중한 사람이나 물건
북돋우다	기운이나 정신 등을 더욱 높여 주다
자주 自主	남의 보호나 간섭을 받지 않고 자기 일을 스스로 처리함
절제 節制	정도에 넘지 않도록 알맞게 조절하여 제한함
정직 正直	마음에 거짓이나 꾸밈이 없이 바르고 곧음
책임 責任	맡아서 해야 할 임무나 의무
호감 好感	좋게 여기는 감정

18. 행복한 교실을 만들어요

굳건히	뜻이나 의지가 굳세고 건실하게
깨우치다	깨달아 알게 하다
내면 內面	밖으로 드러나지 않는 사람의 속마음
더불다	둘 이상의 사람이 함께하다
소감 所感	마음에 느낀 바
잘다	알곡, 모래 따위의 둥근 물건이나 글씨 등의 크기가 작다
저지르다	죄를 짓거나 잘못이 생겨나게 행동하다
제시 提示	어떠한 의사를 말이나 글로 나타내어 보임

즉흥 卽興	그 자리에서 바로 일어나는 감흥
튕기다	다른 사람의 요구나 의견을 거절하다

붓다	액체나 가루 등을 다른 곳에 담다
수평 水平	기울지 않고 평평한 상태
영점 零點	값이 없는 수로 '0'으로 표기함
원리 原理	사물의 근본이 되는 이치
튀다	힘을 받아 작은 물체나 액체 방울이 위나 옆으로 세게 흩어지다
흘러내리다	물 등이 높은 곳에서 낮은 곳으로 흐르거나 떨어지다

과학

19. 마을에서 공룡알이 발견됐다!

둘러싸다	둥글게 에워싸다
묻다	물건을 흙이나 다른 물건 속에 넣어 보이지 않게 쌓아 덮다
밝혀내다	진리, 가치, 옳고 그름 따위를 판단하여 드러내다
복원 復元/復原	원래대로 회복함
소문 所聞	사람들 입에 오르내려 전하여 들리는 말
오목	가운데가 동그스름하게 폭 패거나 들어가 있는 모양
자국	발로 밟은 자리에 남은 모양
자연사 自然史	인류가 나타나기 이전의 자연계 발전의 역사
층층(層層)이	여러 층으로 겹겹이 쌓인 모양
퇴적 堆積	암석의 파편·생물의 주검을 태우고 남은 뼈 등이 일정한 곳에 쌓이는 일

20. 추억의 달고나 만들기

걸다	앞으로의 일에 대한 희망을 품거나 기대하다
납작하다	판판하고 얇으면서 좀 넓다
달구다	쇠나 돌 등을 불에 대어 뜨겁게 하다
맞추다	어떤 기준에 틀리거나 어긋남이 없이 조정하다